DESIGN & LÉGENDES

Jean-Louis Loubet

A Agnès et Elise

PIXEL PRESS STUDIO

Du même éditeur

Dans la collection MINIATURES DE COLLECTION
Renault 4 CV en miniatures, Stéphane Guillou (2006)
Peugeot 203 en miniatures, Stéphane Guillou (2007)

Dans la collection CAHIERS TECHNIQUES
Le dictionnaire de l'automobile, collectif (2007)
Analyse des pannes de l'automobile, collectif (2007)

Dans la collection CARNETS DE ROUTE
Pari-Dakar en Savane, Daniel Nollan (2005)
La Nationale 7 en 4 CV, Steven Weinberg (2005)
1er Rallye-Raid Africa Gazoline, Peter Fuchs (2006)
En 4 CV dans les Alpes, Steven Weinberg (2006)
2e Rallye-Raid Africa Gazoline, Peter Fuchs et Pierre-Brice Lebrun (2007)

Dans la collection ITINERAIRE GOURMAND
La côte belge, de La Panne à Knokke, Pierre-Brice Lebrun et Alen Méaulle (2006)

Dans la collection MEMOIRES AUTOMOBILES
L'épopée de l'Etoile Filante, Jean-Michel Blin (2006)
La saga sportive de la Renault 4 CV, François Rivage (2007)
La 4 CV Bosvin-Michel-Spéciale, Robert Bosvin (2008)
La double vie de Gustave Fouillaron, Jean Maillard (2008)

Dans la collection VOTRE AUTO
Simca Aronde (1951-1958), Jean-Patrick Baraillé et Paul Fraysse (2008)
Renault 1.000 kg (1945-1966), Claude Le Maître et Christian Schmaltz (2008)
Renault Juvaquatre (1938-1960), Jean-Patrick Baraillé et Paul Fraysse (2008)

PIXEL PRESS STUDIO

Maquette : Catherine Coulon
Couverture : Vincent Ciccone
Impression : E 3 Expansion. Imprimé en Italie - Printed in Italy
Dépôt légal : septembre 2008
ISBN 978-2-917038-06-2
http://gazoline.net

PRÉFACE

Au départ de cet ouvrage au parti pris original, il y a ma rencontre avec Jean-Louis Loubet, historien, spécialiste de l'automobile.

Dès nos premiers échanges, j'ai nourri une profonde admiration pour ce "conteur" qui viendra, à de nombreuses reprises, apporter au Design Renault un éclairage sur une période ou un mouvement déterminant de l'histoire de l'automobile.

Comme un juste retour, c'est spontanément que j'ai accepté sa demande de confier à nos designers l'illustration des multiples séquences de l'histoire qu'il nous donne à découvrir dans Design & Légendes. *Relatées comme autant d'aventures, toujours très documentées, mêlant témoignages et anecdotes, elles nous restituent la dimension humaine de notre industrie et ses interactions constantes avec les époques traversées.*

Trente-sept "histoires" consacrées soit à un constructeur, soit à un modèle mythique ou à une aventure, auxquelles dix-huit de nos designers de dix nationalités différentes ont fait écho par le dessin.

Thierry Metroz, patron du design extérieur de Renault, a coordonné l'ensemble du projet auprès des designers et en a garanti la qualité artistique. Il les a parfois orientés dans leur choix, ne résistant pas à l'idée d'une "Cox" dessinée par un Brésilien, à une Jaguar Type-D exécutée par un Indien, comme un clin d'œil à l'actualité ou encore, au luxe occidental d'une Rolls Phantom vu par un jeune Russe.

Les designers qui ont pris part à Design & Légendes *se sont approprié une ou plusieurs histoires selon leur culture d'origine, leurs références, leur affection envers un modèle ou une période. Ils l'ont interprétée avec leur sensibilité, en la replaçant au sein d'univers qui, à eux seuls, méritent que l'on s'y attarde. De la même façon qu'ils s'impliquent dans nos projets au quotidien, ils y ont mis leur enthousiasme et leur ferveur pour l'automobile.*

Derrière chaque interprétation personnelle se profile aussi l'hommage à nos pairs qui ont façonné l'histoire de notre industrie à travers des réalisations emblématiques.

L'héritage qu'ils nous transmettent encourage à l'exigence et à l'humilité dans l'accomplissement de notre métier. Il nous incite également à concevoir l'automobile de demain avec la volonté d'en prolonger le rêve.

Je remercie Jean-Louis Loubet, Jean-Jacques Dupuis, l'éditeur, ainsi que les designers de ce retour à nos racines qui frappe à la fois notre mémoire et notre imaginaire.

Patrick le Quément

ASTON MARTIN
CHANGEMENT DE PROPRIÉTAIRE

MARQUES

AUDI
SOIGNE SON IMAGE

ROLLS-ROYCE
TROIS MARIAGES ET UN DIVORCE
100EX

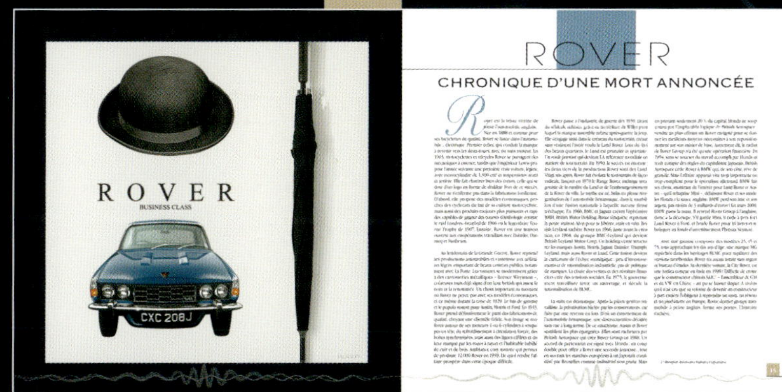
ROVER
CHRONIQUE D'UNE MORT ANNONCÉE
ROVER
BUSINESS CLASS
CXC 208J

JAGUAR
DE COVENTRY A JAMSHEDPUR

AUDI

SOIGNE SON IMAGE

Une marque automobile ne peut plus vivre aujourd'hui sans une image parfaite, au point de se demander si celle-ci ne devient pas presque plus importante que les produits eux-mêmes. Rançon de la médiatisation du secteur, de la globalisation de l'économie, mais aussi des progrès considérables faits chez tous les constructeurs. Reste qu'il faut paraître, faire parler de soi, lisser son histoire pour parfois se construire une image. Sur ce point, la marque qui a fait le plus fort est Audi. Avec ses quatre anneaux, la performance est même olympique.

Le fondateur de la première affaire s'appelle August Horch, un ingénieur allemand né en 1868. Après trois années passées chez Daimler, il fonde sa propre marque à Zwickau en 1899. Avant même que les premiers succès n'arrivent, Horch est évincé de son entreprise, contraint de fonder une nouvelle société qui, par voie de justice, doit abandonner le nom de Horch. August traduit alors son patronyme en latin – *horchen* signifie écouter – et crée Audi en 1910. La marque tente de se trouver une place dans le monde de la voiture de luxe sportive. La Grande Guerre l'oblige à patienter une décennie pour qu'Audi entrevoie la reconnaissance, grâce à un service course efficace. Mais c'est un feu de paille dans une Allemagne laminée par la crise économique des années 1920, achevée par celle des années 1930. En 1928, Horch est repris par son plus proche concurrent, DKW, *Das kleine Wunder*, la petite merveille ! La grande crise n'arrange rien puisque c'est toute l'automobile allemande qui ploie. Les banques viennent au secours des plus faibles, les obligeant à se regrouper : le ménage à quatre se constitue entre Audi, Horch, DKW et Wanderer. Un bric-à-brac artisanal qui ne partage que l'amour de la voiture décalée, parfois même originale puisque DKW fait, avant le patron du quai de Javel, une traction avant. L'union des quatre firmes aboutit à la naissance d'une nouvelle marque, Auto-Union, symbolisée par l'alliance de quatre cercles entrecroisés. Un joli coup à deux ans des Olympiades de Berlin. Reste à donner du sens à ces quatre anneaux face à un Mercedes-Benz dont l'étoile brille de tous ses feux.

Les maîtres du IIIe Reich savent que l'automobile fait partie des outils dont une dictature peut avoir besoin pour asseoir sa puissance. Pour la voiture populaire, Goebbels pousse à la création de la Volkswagenwerk. Le Reich veut faire rêver les Allemands à une *voiture du peuple*. Mais la réalité a ses exigences, et la construction d'une usine et d'un réseau d'autoroutes à cette époque sont deux projets qui cachent leurs véritables ambitions. Aussi, les services de propagande veulent-ils de l'immédiat. Si les Allemands doivent attendre pour rouler en VW, il faut au plus vite montrer à l'Europe entière la toute-puissance industrielle et technologique du IIIe Reich. A côté des flèches d'argent de Stuttgart, les bolides d'Auto-Union, souvent flanqués d'une même croix gammée sur leurs livrées blanches, parfois grises, rivalisent de succès malgré des solutions techniques opposées, moteur avant pour Mercedes, moteur arrière pour Audi. Peu importe la différence, les voitures allemandes remportent tous les grands prix, rivalisant même dans la conquête des grands records internationaux de vitesse, avec un extraordinaire 432 km/h réalisé par Auto-Union en 1938. La marque aux anneaux joue ainsi parfaitement le rôle que lui a assigné Berlin, et ce grâce au talent des meilleurs ingénieurs et aérodynamiciens, mais aussi des pilotes les plus rapides comme Berndt Rosemeyer, Hans Stuck et Tazio Nuvolari.

L'effondrement du IIIe Reich et la création des deux Allemagne sonnent le glas d'Auto-Union. Non seulement il n'est plus question de revenir sur une image sportive aussi compromettante, mais l'outil industriel, situé en zone soviétique, est annexé. Auto-Union disparaît dans la plus grande indifférence. DKW repart lentement à l'Ouest, en 1949, autour d'une voiture à trois cylindres à traction avant. Mais les vicissitudes économiques voient Mercedes reprendre l'affaire en 1958, avant de la céder à Volkswagen en 1965. Logique d'un partage non écrit des marchés entre firmes nationales. C'est une aubaine pour le constructeur de Wolfsburg, prisonnier d'une Coccinelle dont il mettra encore dix ans à se défaire, incapable d'imaginer un avenir automobile cohérent, au point de se perdre dans des 1500 et 1600 sans faveur, puis de se fourvoyer dans des 411 et 412 déjà vieilles avant de naître. La marque Audi – qui appartient à DKW – est relancée par le marketing de Volkswagen en 1969 pour désigner une nouvelle génération de voitures à traction avant. *Audi über alles*. Le but est de rebâtir une marque sur une image savamment reconstruite et toutefois non diluée. Renforcée par des services techniques ouverts sur un monde automobile en pleines mutations auxquels est ajoutée NSU – rachetée en 1969 –, Audi s'impose comme la renaissance d'une automobile prestigieuse allemande, peut-être inconsciemment comme la symbolique d'une réunification tant espérée. Une stratégie bien menée dans un pays marqué par son histoire, ses déchirures et ses attentes. En vingt ans, Audi se forge une image neuve et forte, faite des valeurs du moment, et ainsi blanchie des errements passés. La suite est un conte de fées au pays de la voiture reine, là où la réussite sociale se mesure en cylindrée, où de grands spécialistes comme Bosch et Siemens offrent le meilleur de leur technologie en priorité aux marques allemandes, où les ingénieurs travaillent plus aisément qu'ailleurs sur des hauts de gamme. Nouvelle identité pour une image assurément moderne, Audi, à défaut d'exhiber son passé, a su se construire une histoire. Belle leçon de communication.

ASTON MARTIN

CHANGEMENT DE PROPRIÉTAIRE

Que reste-t-il de l'automobile anglaise ? Rien, sinon Morgan, née en 1936, et peut-être Aston Martin, dont les péripéties l'ont fait souvent changer de propriétaire et de nationalité. Ce come-back inattendu est rendu possible par la déconfiture de Ford qui cherche des fonds pour éviter la débâcle. Dans cette triste logique, Aston Martin vient d'être cédée à un consortium où émerge un Britannique pur sucre au teint rose, David Richards, un ex-copilote de rallye devenu homme d'affaires, patron de Prodrive et presque du rallye, après deux passages en F1, chez Benetton et BAR. Richards, *chairman* d'Aston Martin ? La prudence s'impose. D'abord, l'homme est un Anglais qui a compris depuis longtemps le mode d'emploi de la mondialisation. Il s'appuie sur des fonds koweïtiens et les astuces de la Banque HSBC pour financer « son » achat. Ensuite, les changements de propriétaire chez Aston Martin sont une habitude, avec une moyenne de plus d'un patron tous les dix ans ! Un record peu commun pour une marque qui joue le registre de la tradition et du *so british*.

Tout commence en 1914 lorsqu'un garagiste, amateur de compétition, un certain Lionel Martin, remporte sa première course à Aston Clinton. La voiture est son œuvre, un châssis d'Isotta-Fraschini motorisé par un Coventry-Simplex de 1,4 L. Un véhicule sans nom qui, au soir de la victoire, s'appelle Aston Martin. L'aventure est lancée, avec à la clé celle de vendre des voitures. Le rêve se brise en 1925 devant le tribunal de commerce : Aston Martin dépose le bilan. Elle est aussitôt reprise par une équipe assez hétéroclite, composée de lord Charnwood, ingénieur de renom, William Somerville Renwick, un financier, et Cesare Bertili, un ancien mécanicien de course passé par Lancia et Fiat. Acquisition d'une usine à Feltham, dans le Middlesex, maintien du patronyme d'Aston Martin grâce au renom sportif accumulé par les victoires du toujours présent Charles Martin, la méthode tient la route. En 1927, une nouvelle Aston Martin est proposée, évidemment sportive et aussitôt remarquée par son moteur à arbre à cames en tête. Mais avec des victoires sportives bien plus nourries que les ventes, Aston Martin reprend en 1932 la piste du tribunal de commerce, et s'arrête au stand de la faillite. La reprise est assurée cette fois par sir Arthur Sutterland qui souhaite acheter une marque automobile à son fils Gordon. Plus qu'un fils à papa ordinaire, Gordon est ingénieur chez Alvis, autant passionné par la mécanique et la compétition que conscient des enjeux de l'industrie. Si ses premières réalisations sentent bon l'huile de ricin – arbres à cames en tête et culasses hémisphériques –, Gordon Sutterland s'adjoint en 1938 l'ingénieur Claude Hill pour mettre en point une petite voiture sportive à quatre portes, dotée de roues avant indépendantes, l'Atom. Une sportive presque pour tous. La guerre met fin prématurément à ce projet audacieux, de même qu'à l'expérience Sutterland. En 1947, Aston Martin est revendue à David Brown, un ancien pilote de Vauxhall, héritier des puissants groupes industriels Brown & Sons Ltd et Brown Gear Company Ltd.

David Brown lance une stratégie de conquête pour Aston Martin, tant dans le domaine sportif que commercial. Ses voitures, dirigées par John Wyer et conduites par les plus grands pilotes – Salvadori, Shelby, Moss –, partent à la conquête des 24 Heures du Mans, empochant du même coup le Championnat du monde des voitures de sport 1959. Elles prennent ainsi, avec panache, la relève des Jaguar, *« ces camions les plus rapides du monde »* selon les mots d'Enzo Ferrari. Au niveau des voitures de tourisme, Brown lance la série des DB – ses initiales – en même temps que les modèles Lagonda dont il a racheté la marque en 1947. De la DB2 (1950) à la DB6 (1965), les Aston Martin, construites dans l'usine de Newport Pagnell que dirige John Wyer, sont au firmament d'une offre où se mêlent le luxe et la sportivité. L'image est si forte que le cinéma fait entrer Aston Martin dans la légende : en 1964, James Bond, l'agent 007, utilise une DB5 dans le film *Goldfinger*. Le grand écran immortalise à tout jamais cette marque identifiée par une paire d'ailes argentées, inspirée des figures mythologiques grecques. Une vraie *success-story* symbolisée en 1968 par l'anoblissement de David Brown. Pourtant, en 1974, la crise pétrolière emporte l'affaire.

Durant plus d'une décennie, les repreneurs se succèdent, incapables de trouver la voie de la réussite. Après le passage éclair d'un consortium de Birmingham, le Company Developpement, deux investisseurs américain et canadien – Peter Sprague et Georges Miden – promettent en 1975 un redressement rapide. L'entreprise, qui n'est plus britannique, ne redémarre que pour caler à nouveau en 1980. Trois repreneurs successifs tentent une remise à flot. D'abord des magnats du pétrole, Pace Petroleum et CH Industrials (1981), ensuite l'importateur américain d'Aston Martin, Automotive Invest (1983), enfin en 1984 l'armateur grec Peter Livanos (75 %) aidé du financier Victor Gauntlett, un homme du pétrole présent au chevet d'Aston Martin depuis 1981 (25 %). Tous sans succès. Il faut l'arrivée, en 1987, de Ford – le dixième propriétaire – pour reconstruire l'image d'Aston Martin en commençant par réintroduire l'appellation DB abandonnée en 1971, et restructurer l'usine au sein d'une entité unissant Aston Martin et Jaguar dont les modèles partageront les mécaniques et les plates-formes. La convalescence est longue. Elle aboutit en 2005, avec l'arrivée des premiers bénéfices depuis quarante ans, une augmentation de production exceptionnelle : 46 voitures en 1992, 6.500 en 2006. Un joli chiffre d'affaires compte tenu des prix de vente des DB9, Vantage et autres Vanquish, affichés entre 110.000 et 216.000 dollars. Ford n'en profitera pas longtemps. Même en gardant 7 % de l'affaire, le géant américain recevra 700 millions d'euros du consortium conduit par David Richards. Une goutte d'eau dans les pertes de Ford, mais un nouveau chapitre dans l'histoire d'Aston Martin. Le onzième...

100EX
BASMANOV'08

ROLLS-ROYCE

TROIS MARIAGES ET UN DIVORCE

Les clichés sont tenaces : on imagine la vie de Rolls-Royce calquée sur celle de sa clientèle, riche, insouciante et facile. Or, la réalité est tout son contraire, car si Rolls-Royce fête ses cent ans, c'est tout de même après trois mariages, deux faire-part de décès et un divorce. L'histoire commence simplement, à Manchester, par un industriel de matériel électrique, Henry Royce, qui peste contre la qualité déplorable de sa voiture, une Decauville pourtant réputée. Passionné de mécanique, Royce démonte, répare, améliore, jusqu'à ce 1er avril 1904 où il finit par construire une répliquc dc sa Decauville, mais en plus solide et moins bruyante. Ce sera sa voiture. Pendant ce temps, à Londres, un jeune et riche aristocrate, sir Charles Rolls, brûle la vie à la vitesse des bolides de course et des avions qu'il pilote. Depuis 1902, il s'est lancé dans le marché très lucratif de la vente automobile, ne distribuant que les meilleures marques, hélas toutes françaises puisque les anglaises restent si médiocres.

La rencontre de Rolls et Royce, faite par l'intermédiaire d'un membre de l'Automobile Club britannique, est le mariage de l'eau et du feu, du roturier et de l'aristocrate, de l'entrepreneur et du dandy. Ils s'associent en 1906, créant la Rolls-Royce Limited. D'emblée, la première voiture, la Silver Ghost – Silver pour la couleur, Ghost pour le silence – se remarque par sa perfection et sa calandre si originale, en forme de temple dorique. La statuette *Spirit of Ecstasy* ne viendra qu'en 1911, un an après la mort accidentelle de Charles Rolls, tué en avion. Le premier client n'est paradoxalement pas le premier venu : c'est Paris E. Singer, le roi de la machine à coudre. La Rolls-Royce devient aussitôt une exception, par l'inutilité de changer tout élément avant 300.000 km, par le service après-vente à domicile pour le remplacement des pièces d'usure, par la présence de succursales dans les plus grandes villes du monde et parfois d'auto-écoles maison. Rolls-Royce soigne cette clientèle d'exception qui ne partage qu'un point, ne jamais demander le prix. La Grande Guerre permet à Rolls-Royce de développer ses affaires, notamment son secteur aviation, puis d'enchaîner les succès comme la reprise de la marque Bentley en 1931. Rolls-Royce se mue peu à peu en club privé, en ghetto du gotha automobile où cohabitent têtes couronnées, hommes politiques, artistes et gros industriels, d'Edouard VIII à Staline, de Charlie Chaplin à John Rockefeller. Une vie parfaite, dans un ciel serein, où les seuls nuages qui apparaissent sont ceux de l'argent, les Silver Cloud !

C'est avant même le premier choc pétrolier que la situation se dérobe, en raison des difficultés accumulées par la branche aéronautique, notamment du contrat désastreux signé avec Lockheed pour la fourniture des réacteurs RB211. En février 1971, le gouvernement conservateur décide de nationaliser la branche aéronautique et de se débarrasser de la division automobile. Placée sous redressement judiciaire, celle-ci est progressivement mise en bourse au moment où la flambée des prix du pétrole freine les ventes et tarit le cours de l'action. En 1980, le marchand d'armes Vickers rachète le fabricant des plus coûteuses voitures du monde pour à peine 38 millions de livres. Une bonne affaire à la veille de ce qui sera *« les années fric »*, celles qui voient Rolls-Royce battre ses records avec 3.324 modèles vendus en 1990. L'usine de Crewe est au pinacle, malgré des méthodes totalement hors du temps : les voitures restent entièrement faites à la main, avec des tôliers, des ébénistes ou des tanneurs d'exception. Elles sont minutieusement essayées sur route pour une parfaite mise au point, avant de recevoir une énième et ultime couche de peinture ! Mais versatile, la clientèle huppée se met à rejeter la Rolls-Royce, lui préférant les sportives italiennes ou allemandes qui joignent le luxe à la performance, la modernité à l'élégance. Ringardes, les Rolls-Royce n'ont plus le vent en poupe, à commencer par la famille royale qui s'encanaille. Si Elisabeth se plaît dans sa Range Rover verte, Lady Di – entrée il est vrai dans la famille en R5 – roule ostensiblement en cabriolet Mercedes rouge ! Où va Rolls-Royce ? Vers ses plus bas niveaux de production, vers la main tendue par quelques constructeurs pour moderniser des voitures dépassées, à commencer par BMW qui fournit des V12 dernier cri, mais aussi un ensemble de 30 % de composants par voiture. Vickers comprend son intérêt : passer la main, au plus vite et au plus cher. En 1997 : Rolls-Royce est à vendre, avec sa division Bentley.

Cette annonce ne soulève aucun tollé en Grande-Bretagne. Il est vrai qu'avec Maggy Thatcher, les Britanniques ont appris à voir des pans entiers de leur industrie disparaître ou passer à l'étranger. Alors, un de plus ou de moins, rien de grave. Les seuls remous viennent des actionnaires, peu enclins à céder leurs parts à Mayflower, un équipementier qui éloignerait BMW, et priverait Rolls et Bentley de leurs V12. La firme de Munich semble tenir la main, offrant 340 millions de livres au printemps 1998. Mais le patron de VAG, Ferdinand Piëch, pris d'une boulimie de rachats, offre 90 millions de plus que BMW, promettant même 2 milliards d'investissement et une production à terme de 10.000 voitures ! Tandis que les Allemands se déchirent à coup de promesses et de millions, Vickers fait ses comptes : 430 millions de livres de la part de Volkswagen, auxquels s'ajoutent 120 millions d'Audi pour Cosworth, autre fleuron en vente. Sans trahir un secret bien gardé, Vickers contrôle un vrai marché de dupes. En effet, VAG ne sait pas que le nom Rolls-Royce reste la propriété exclusive du groupe aéronautique Rolls-Royce PLC qui défend secrètement l'option BMW. Durant neuf mois, VAG et BMW sont en conflit ouvert. La bataille se termine faute de liquidités : Volkswagen doit se replier sur Bentley, BMW s'offrant Rolls-Royce *« sans réellement avoir à le payer dans l'immédiat »,* mais en continuant à fournir Bentley. Le partage intervient en 2002, soit quatre ans avant que BMW ne lance son concept-car 100 EX, celui qui préfigure la Rolls-Royce du centenaire. Quels soucis d'être riche !

ROVER

BUSINESS CLASS

JACKSON

ROVER

CHRONIQUE D'UNE MORT ANNONCÉE

Rover est la triste vitrine de toute l'automobile anglaise. Née en 1888 et connue pour ses bicyclettes de qualité, Rover se lance dans l'automobile... électrique. Premier échec qui conduit la marque à revenir vers les deux-roues, avec ou sans moteur. En 1903, motocyclettes et tricycles Rover se partagent des mécaniques à essence, tandis que l'ingénieur Lewis propose l'année suivante une première vraie voiture, légère, avec monocylindre de 1.300 cm^3 et suspensions avant et arrière. Elle fait chavirer bien des cœurs, celle qui se dote d'un logo en forme de drakkar. Forte de ce succès, Rover ne s'enferme pas dans la fabrication fordienne. D'abord, elle propose des modèles économiques, proches des cyclecars du fait de sa culture motocycliste, mais aussi des produits toujours plus puissants et rapides, capables de gagner des courses d'anthologie comme le raid Londres-Istanbul de 1906 ou le légendaire Tourist Trophy de 1907. Ensuite, Rover est une maison ouverte aux coopérations, travaillant avec Daimler, Darracq et Sunbeam.

Au lendemain de la Grande Guerre, Rover reprend ses productions automobiles et s'intéresse aux utilitaires légers, emportant de beaux contrats publics, notamment avec La Poste. Les voitures se modernisent grâce à des carrosseries métalliques - licence Weymann -, coûteuses mais déjà signe d'un luxe british qui assoit le nom et la renommée. Un choix important au moment où Rover ne perce pas avec ses modèles économiques, et ce même durant la crise de 1929. Le bas de gamme et le populo restent pour Austin, Morris et Ford. En 1933, Rover prend définitivement le parti des fabrications de qualité, choyant une clientèle fidèle. Son image se renforce autour de ses moteurs 4 ou 6 cylindres à soupapes en tête, du refroidissement à circulation forcée, des boîtes synchronisées, mais aussi des lignes effilées et du luxe marqué par les roues à rayons et l'habitable habillé de cuir et de bois. Ambiance cosy assurée qui permet de produire 12.000 Rover en 1939. De quoi rendre l'affaire prospère dans cette époque difficile.

Rover passe à l'industrie de guerre dès 1939, tâtant du véhicule militaire grâce au savoir-faire de Willys pour lequel la marque assemble même après-guerre la Jeep. Elle s'engage ainsi dans le créneau du tout-terrain, créant sans vraiment l'avoir voulu le Land Rover. Loin du 4x4 des beaux quartiers, le Land est primaire et spartiate. Un *roule-partout* qui devient LA référence mondiale en matière de tout-terrain. En 1950, le succès est énorme : les deux tiers de la production Rover sont des Land. Vingt ans après, Rover fait évoluer le tout-terrain de façon radicale, lançant en 1970 le Range Rover, mélange antagoniste de la ruralité du Land et de l'embourgeoisement de la Rover de ville. Le mythe est né, hélas en pleine réorganisation de l'automobile britannique, dans le tourbillon d'une fusion nationale à laquelle aucune firme n'échappe. En 1966, BMC et Jaguar créent l'éphémère BMH, British Motor Holding. Rover s'inquiète, reprenant la petite maison Alvis pour se libérer, mais en vain. British Leyland rachète Rover en 1966, juste avant la création, en 1968, du groupe BMC-Leyland qui devient British Leyland Motor Corp. Un holding censé structurer les marques Austin, Morris, Jaguar, Daimler, Triumph, Leyland, mais aussi Rover et Land. Cette fusion devient la caricature de l'échec stratégique : peu d'investissements et de rationalisation industrielle, pas de politique de marques. La chute des ventes et des résultats financiers crée des tensions sociales. En 1975, le gouvernement travailliste tente un sauvetage, et décide la nationalisation de BLMC.

La suite est dramatique. Après la piètre gestion travailliste, la privatisation bâclée par les conservateurs, car faite par une revente en lots. D'où un émiettement de l'automobile britannique, une déstructuration décidée sans vue à long terme. De ce cataclysme, Austin et Rover semblent les plus épargnées. Elles sont rachetées par British Aerospace qui crée Rover Group en 1988. Un accord de partenariat est signé avec Honda : un coup double pour offrir à Rover une seconde jeunesse... tout en ouvrant les marchés européens à un Japonais considéré par Bruxelles comme *industriel non grata*. Mais en prenant seulement 20 % du capital, Honda ne soupçonne pas l'implacable logique de British Aerospace : vendre au plus offrant un Rover ravigoté pour se donner les meilleurs moyens nécessaires à son repositionnement sur son métier de base. Autrement dit, le rachat de Rover Group n'a été qu'une opération financière. En 1994, sans se soucier du travail accompli par Honda ni tenir compte des règles du capitalisme japonais, British Aerospace cède Rover à BMW qui, de son côté, rêve de grandir. Mais l'affaire apparaît vite trop importante ou trop complexe pour le spécialiste allemand. BMW fait ses choix, montrant de l'intérêt pour Land Rover et Austin - qu'il rebaptise Mini -, délaissant Rover et ses modèles Honda à la sauce anglaise. Il perd son âme et son argent, pas moins de 3 milliards d'euros ! En mars 2000, BMW passe la main. Il revend Rover Group à l'anglaise, donc à la découpe. S'il garde Mini, il cède à prix fort Land Rover à Ford, et brade Rover pour 10 livres symboliques au fonds d'investissement Phœnix Venture.

Avec une gamme composée des modèles 25, 45 et 75, tous approchant les dix ans d'âge, une marque MG repêchée dans les héritages BLMC pour replâtrer des versions moribondes, Rover n'a aucun avenir sans argent ni bureau d'études. Sa dernière voiture, la City Rover, est une Indica conçue en Inde en 1998 ! Difficile de croire que le constructeur chinois SAIC[1] - l'assembleur de GM et de VW en Chine - ait pu se laisser duper. A moins qu'il n'ait cru que sa volonté de devenir un constructeur à part entière l'obligeait à reprendre un nom, un réseau et un pied-à-terre en Europe. Rover, dernier groupe automobile à peine anglais, ferme ses portes. L'histoire s'achève.

1 : Shanghai Automotive Industry Corporation

9
POLAR

JAGUAR

DE COVENTRY A JAMSHEDPUR

Qui connaît Brown's Lane, près de Coventry ? Une usine à l'agonie dont le nom s'ajoute à la liste interminable des établissements moribonds ? Pour beaucoup, Brown's Lane reste l'usine historique de Jaguar, construite en 1935. Un sanctuaire. A l'automne 2004, les propos de Joe Greenwell, le président de Jaguar, sont d'une monotonie consternante, proches de tous ceux qui ont justifié depuis vingt ans trop de fermetures d'usines : *« C'est une absolue nécessité. Nous avons une trop grande capacité de production. »* L'ennui, c'est que Greenwell n'a pas précisé s'il y avait trop de Jaguar ou pas assez de clients.

Reprise par Ford en 1989, Jaguar semblait dans de bonnes mains, celles d'un constructeur capable de s'offrir à coups de dollars une division de luxe européenne composée des derniers fleurons anglais – Jaguar, Land Rover, Aston Martin – et du Suédois Volvo. Au nom de la survie, les clients de Jaguar ont été prêts à quelques concessions : des plates-formes communes, des mécaniques et des éléments à partager entre marques, et même l'apparition du mazout puisqu'un superbe V6 était promis grâce au talent des motoristes de Peugeot, les maîtres en la matière. Mais rien n'y a fait, ni la naissance d'une mini-Jag – la X-Type –, ni l'introduction d'une belle S-Type, pétrie dans le moule des divines MK des années sixties. Sur les 300.000 Jag prévues, la marque n'en a vendu que 130.000 en 2003 ! La faute à quoi ? Au lancement raté de la X-Type ? Aux avatars mécaniques trop récurrents ? Ou à cette livre sterling chère face à un dollar léger alors que les Etats-Unis représentent la moitié du chiffre d'affaires ? Tout est lié, faisant des 8.000 salariés de Jaguar les ouvriers les moins productifs de la profession. Mais il est difficile d'échapper à cette place lorsque les commandes ne donnent du travail que pour quatre jours par semaine. Brown's Lane fermera, en attendant, si l'on en croit les rumeurs du moment, une délocalisation de la marque en Amérique du Nord !

Décidément, tout fout le camp outre-Manche, notamment si Jaguar, outre la nationalité, se drape dans le moule américain. C'est l'un des derniers symboles de l'élégance britannique, de la voiture chère mais achetable, de la ronce de noyer et du cuir Connolly. L'aventure fut pourtant belle : un fabricant de side-cars, William Lyons, décide d'habiller en 1928 de simples Austin 7 ou Standart 9 avec de belles carrosseries dont les capots occupent la moitié de la silhouette. En 1935, devant l'importance du succès, Lyons saute le pas et crée la marque Jaguar autour de ses modèles SS, dont le slogan publicitaire ne sera pas des meilleurs : *« Wait the SS is coming* [1]. *»* Tableau de bord en sycomore, sièges et intérieur en cuir pleine fleur, roues à rayons et carrosseries en gueule d'amour, tout est réuni pour garantir 250 exemplaires par semaine, tous de qualité parfaite. Une marque est née, que même la guerre ne peut étouffer. Ayant abandonné les Jaguar pour les avions de combat, Lyons reprend sans mal la fabrication de ses voitures dès 1945, avec le même succès. En 1948, les premières XK arrivent et s'installent pour l'éternité, jusqu'à l'arrivée des MK, déclinées en C et D, qui s'illustrent dans toutes les courses d'endurance dont les 24 Heures du Mans remportées en 1951, 1953, 1955, 1956 et 1957. Jaguar s'impose par la technique : culasse WASP, carburateurs multicorps Weber, arbres à cames en tête, freins à disques Dunlop, direction à crémaillère, roues et carrosseries en magnésium, châssis tubulaires. La gloire sportive se démocratise alors sur route avec la Type E, présentée au Salon de Genève de mars 1961. Elle devient le jour même de sa naissance une diva, avant d'être élevée de son vivant au rang de mythe. La E est un aboutissement, une perfection, un chef-d'œuvre automobile réalisé dans l'inusable usine de Brown's Lane qui produit alors 20.000 Jaguar par an, réparties en coupés, cabriolets et berlines. A la mode anglaise, c'est-à-dire avec des ouvriers de métier, des amoureux du bel ouvrage. L'apogée de la légende.

On aurait aimé voir Jaguar en rester là. Mais l'histoire la conduit vers d'autres destinées. Le succès pousse en effet l'entreprise vers de nouvelles logiques, celles de l'industrialisation et de la rentabilité. Avec les fusions de 1966 et 1968 qui mettent Jaguar dans l'impasse BMC puis BLMC, avec les conséquences très douloureuses des deux chocs pétroliers, la marque de Brown's Lane glisse dans la spirale de l'échec. Cliniquement morte à plusieurs reprises, Jaguar collectionne les résurrections grâce aux talents de différents restructurateurs. En 1989, Ford annonce enfin un avenir serein, la pérennité pour une marque immortelle. Qu'en pensent donc les 1.100 ouvriers qui quittent en 2005 Brown's Lane ? Quant aux amoureux de la marque, ils maugréent. Depuis l'annonce de la fermeture du site, c'est un défilement ininterrompu de collectionneurs et de propriétaires de Jag qui – *shocking* – manifestent leur opposition, osant annoncer qu'un site comme Brown's Lane tient du patrimoine industriel ou du monument historique. Notion inconnue – ou méconnue – aux Etats-Unis. Mais l'histoire rebondit.

C'est la déconfiture de Ford qui sape l'avenir de Jaguar. Ployant sous les dettes, multipliant les fermetures d'usines aux Etats-Unis, la FoMoCo décide de vendre ses bijoux de famille, à commencer par Jaguar, dont le nom brille davantage que les ventes, au point de devoir en solder le prix de près de 50 %. Triste Royaume-Uni. Si fier d'un empire qui a fait sa splendeur passée, le pays est aujourd'hui sauvé par des entrepreneurs indiens tels Lakshmi Mittal, Sri et Gopi Hinduja, Lord Paul. En mars 2008, Ratan Tata s'offre pour 2,65 milliards de dollars Jaguar et Land Rover, tout en lançant une Nano à 100.000 roupies (1.700 euros) pour son marché intérieur. L'Inde, pays de contrastes et sauveur de Jaguar. Qui l'eût prédit ?

1 : Attendez, la SS arrive !

CITROËN DS
ET L'AUTOMOBILE EUT SA DÉESSE...

PRODUITS

COCCINELLE
UNE NAISSANCE OUBLIÉE...

VW GOLF
LE SYNDROME DE LA COX

FIAT 500
IL RITORNO DELLA CINQUECENTO

FORD MUSTANG
UN RETOUR AU GALOP

ALPINE
FAUSSE DOUCEUR POUR UNE ESPIÈGLE

CAMARO
I'M BACK !

COCCINELLE

UNE NAISSANCE OUBLIÉE...

Elle a fait comme Maurice Chevalier, cette Coccinelle, des adieux à n'en plus finir. Arrêtée en Allemagne en 1978, elle était en train de quitter les nombreuses usines européennes qui assuraient son montage, de l'Irlande à la Belgique. Mais sa seconde carrière s'est prolongée aux quatre coins du monde, en Afrique, en Asie, et plus encore en Amérique latine où son succès a semblé longtemps sans fin. Au Brésil, les usines décident en 1986 de stopper sa production... pour la reprendre en 1993, avant de l'abandonner cette fois définitivement en 1996. Mais la vie continue au Mexique, jusqu'au 30 juillet 2003. Ce jour-là, soixante-quatre ans après sa présentation en 1939, *el Volkswagen de Mexico, ultimo sedan en el mundo* sort des chaînes. C'est bien la fin d'une série de 21.529.464 exemplaires, de celle qui fut tout à la fois le Käfer, la Beetle, la Cox, la Fusca, la Coccinelle ou la KdF. De tous ces noms, il ne lui manque pourtant que celui de ses origines, la « 97 ». Mais qui s'en souvient encore ?

La Coccinelle est née d'une volonté politique, celle du IIIe Reich et de son ministre de la Propagande Joseph Goebbels : faire une automobile populaire pour motoriser les masses, donner le rêve d'une voiture pour tous. L'automobile est bien un outil de choix pour cimenter les esprits, mouler une cohésion nationale à l'édification de cette grande Allemagne décrite à la lecture de *Mein Kampf*. Pendant que les Mercedes et Auto-Union deviennent la vitrine technologique du Reich, le projet KdF-Wagen est lancé : la *« voiture de la force par la joie »* est mise en chantier par le Front du Travail, le tout-puissant syndicat unique imposé par le parti nazi peu après son accession au pouvoir. L'homme choisi pour concevoir la KdF est Ferdinand Porsche, un ingénieur indépendant qui a œuvré pour Mercedes et Auto-Union, notamment pour des modèles de course, mais aussi pour Zündapp et NSU dans des programmes non aboutis de voitures populaires.

Au même moment, un ingénieur tchèque, Hans Ledwinka, travaille, pour le compte de la marque Tatra, à la réalisation d'une voiture économique. La crise des années 1930 a donné toute leur valeur aux idées de Ledwinka, abaissement du poids et développement des lignes aérodynamiques pour permettre de réduire les coûts d'utilisation – notamment de consommation d'essence – et de fabrication. Tatra est maître de deux techniques encore originales, le moteur arrière et le refroidissement par air. Le modèle 97, présenté en 1937, est précisément un tout-à-l'arrière équipé d'un quatre cylindres boxer de 1,8 L de cylindrée. Un modèle d'originalité. Ferdinand Porsche connaît d'autant mieux Tatra qu'il est né en Bohême. Il fait donc partie de ces minorités allemandes qui sont le prétexte des Accords de Munich, puis de l'annexion de la Tchécoslovaquie par l'Allemagne en 1938. Les travaux de la KdF s'appuient sur le projet Tatra, et ce dans l'indifférence générale. La présentation de la KdF au Salon de Berlin de 1939 est mise en scène comme l'expression de la réussite de l'industrie nazie, le début de la motorisation populaire, alors que l'usine reste à construire. Mais elle est aussi comprise par trop d'ingénieurs avares en idées originales, comme le modèle à suivre pour créer ce qui doit être la voiture de sortie de crise. En février 1939, de retour du Salon de Berlin, Louis Renault demande à son bureau d'études d'en *« préparer une réplique »*. Ce sont les prémices du projet 106 qui deviendra après-guerre la 4 CV.

Fait prisonnier par les Alliés, Ferdinand Porsche est versé en 1946 dans l'effectif de Renault, contre l'avis de Pierre Lefaucheux, le nouveau président de la Régie nationale des usines Renault, lui-même grand résistant et Compagnon de la Libération. Réitérant son refus de voir Porsche travailler sur un projet 4 CV alors très abouti, Lefaucheux révèle au grand jour les origines de la KdF et le talent de celui qui n'a rien d'un von Braun. *« Je ne crois pas que la valeur technique du Professeur Porsche soit supérieure à celle de nos ingénieurs »* écrit Lefaucheux à son ministre de tutelle, le priant de lire les bulletins 6 et 7 de *La Société des ingénieurs civils* qui publient en 1946 les vives protestations des ingénieurs tchèques quant à la paternité de Ferdinand Porsche sur la KdF. Ce dernier est alors rattrapé par l'histoire. Il quitte Renault pour aller s'expliquer, non sur ses travaux, mais sur ses actes. Le tribunal de Dijon veut l'entendre sur son implication dans les déportations opérées chez Peugeot, là où l'ingénieur a tenté sans succès d'imposer sa KdF.

La page se tourne alors très vite, occultant cette KdF au passé trouble pour honorer une VW, d'abord érigée comme pilier de l'*Allemagne année zéro*, puis symbole du Miracle économique. Ce sera donc en catimini que les clients qui avaient versé depuis 1939 une épargne régulière en vue de l'achat d'une KdF – ils avaient en fait financé une usine de guerre ! – se verront offrir un ridicule bon de réduction de 600 marks sur la commande d'une voiture neuve. Dans le même temps, des poursuites s'engageront contre Volkswagen, l'obligeant à verser la somme dérisoire de 3 millions de marks à Tatra en 1961.

N. JARDIN 08

CITROËN DS

ET L'AUTOMOBILE EUT SA DÉESSE...

Paris, Grand Palais, jeudi 5 octobre 1955. A 9 heures précises, le Salon de l'Auto ouvre ses portes. Dix ans après la guerre, la manifestation ronronnait, au rythme posé de ses voitures de grande série qui, désormais, dominent le marché. La voiture des Trente Glorieuses est déjà née, celle qui a choisi la démocratisation en s'engouffrant dans ces choix de compromis dictés par la nécessité des prix de revient. Aronde, Dauphine et 403 sont l'archétype de ces *voitures à la française* conçues pour classes moyennes, des modèles assez brillants et confortables, mais très marqués par des éléments d'économie, que ce soit à l'achat ou à l'usage. Pourtant, ce 5 octobre 1955, il y a bien un vent annonciateur qui souffle sur Paris.

Le monde de l'automobile est au courant de l'événement depuis le mardi 3 octobre. Robert Puiseux, patron de Citroën, a laissé à ses hommes de confiance, Pierre Bercot et Antoine Brueder, le soin d'inviter au quai de Javel leurs homologues de Panhard, Peugeot et Renault. Tous ont alors découvert la nouvelle Citroën, ni plus ni moins la remplaçante de la Traction... Et tous l'ont vue avec plus de soulagement que d'admiration. Leur première réaction est simple : cette voiture n'entre pas en concurrence avec les productions existantes. Jean-Pierre Peugeot est rassuré par le prix haut de gamme du modèle qui préserve sa 403. Pierre Dreyfus doute qu'elle ait un marché en France. Les compliments viendront ensuite, rituels de ces moments crispés. Le lendemain, à 14 heures, LA voiture est présentée aux 350 concessionnaires Citroën, théâtre Marigny. Cette fois, on frôle l'émeute tant l'enthousiasme est explosif. Pour un réseau qui peine depuis deux ans à écouler ses vieilles Traction, l'avenir s'éclaire *divinement*. Il faut alors la présence du tandem Bercot-Brueder, et l'autorité du directeur commercial, Charles Gautrelet, pour exiger la discrétion la plus absolue. Rien ne doit filtrer jusqu'au jeudi 5 octobre. Interdiction de relater l'événement, et plus encore de distribuer les maigres prospectus commerciaux. Rentrés à la hâte dans leurs garages, plusieurs vendeurs oublient les consignes : ils contactent leurs meilleurs clients, faisant monter la rumeur. A 20 heures, Pierre Bercot est au magasin Citroën des Champs-Elysées, devant un parterre d'invités triés sur le volet, industriels, hommes d'affaires, banquiers, ministres et députés... Tous ont droit à une présentation en avant-première. Là encore, c'est la stupéfaction : cette Citroën est à l'image de cette France industrielle dont ils sont acteurs ou initiateurs, celle qui se voit en miroir dans des réussites de Serre-Ponçon ou de la Caravelle. LA voiture sera au centre des dîners parisiens du 4 octobre.

A J-1, la direction de Citroën autorise plusieurs de ses ingénieurs à quelques galops d'essai dans Paris. Les « pères » de LA voiture s'offrent une ou deux descentes des Champs-Elysées, à vive allure pour ne pouvoir que l'apercevoir. Les badauds les plus curieux lancent d'un coup : *« C'est la nouvelle Citroën. »* Ils en ont été informés par le tabloïd de Robert Hersant, *L'Auto-Journal*, un titre né en 1950 qui a fait de la chasse au prototype son gagne-pain bimensuel. Le journal a déjà présenté quelques dessins et croquis... avant de se retrouver devant un tribunal. LA voiture – dont les 20 exemplaires d'essais sont réquisitionnés – poursuit quelques balades bien ciblées : cinémas et théâtres lorsque les queues se forment, grands lycées parisiens dès la sortie des cours. Le bouche-à-oreille commence : il va se passer quelque chose au Salon.

Jeudi, à 9 heures, le temps d'ôter les bâches, c'est la ruée. Au cœur du stand Citroën trône la nouveauté des nouveautés, la DS, robe champagne et toit aubergine. Le nom a été trouvé au dernier moment par Antoine Brueder, en reprenant les codes des prototypes déclinés en D1, D2, D3, tous issus du projet VGD pour Voiture de Grande Diffusion. Ce modèle, dont Pierre Bercot a entièrement soutenu l'identité technologique, semble hors du temps. La ligne, à elle seule, est à couper le souffle tant sa fluidité détonne. Son styliste, Flaminio Bertoni, l'a imaginée comme une aile d'avion inversée. Les visiteurs découvrent de l'inédit : tableau de bord futuriste, sièges Dunlopillo, lunette arrière en plexiglas, toit en matière plastique. Sur le plan technique, tous les repères s'envolent : cette traction avant utilise pour la première fois une centrale hydraulique de 160 bars pour assister la direction, les freins et l'embrayage. Mais le clou reste la suspension dont la flexibilité des ressorts est remplacée par l'élasticité d'un gaz contenu dans des sphères : c'est l'oléopneumatique qui permet à la DS de glisser sur la chaussée, tout en offrant une tenue de route et un confort hors normes. Quoi de plus ? Les freins sont à disques, le changement de vitesse semi-automatique. Les ingénieurs de Citroën – André Lefèbvre et Paul Magès – savourent l'événement.

Le stand est pris d'assaut : en trois quarts d'heure, 749 commandes sont engrangées, moyennant 80.000 francs d'acompte, solde payable à la livraison dont on ignore la date. A la fin de cette première journée, Citroën compte 12.000 commandes. A la fermeture du Salon, 80.000... Personne n'a imaginé un tel engouement pour une voiture de 940.000 francs, l'une des quatre cylindres les plus chères du marché ! Personne, pas même les ingénieurs de la fabrication. Pour l'hydraulique, l'usine est contrainte de produire sur le champ des pièces d'une qualité et d'une précision dignes de l'aéronautique, et ce à des cadences et à des prix automobiles. Pour la tôlerie, tout est à faire. La technique des éléments séparés, qui voit la DS renoncer à la monocoque, est à mettre au point. L'utilisation des matières plastiques se révèle un casse-tête tant les changements de cotes sont nombreux du fait des variations de température et d'hygrométrie. Javel sort 7 voitures en novembre avant de tout arrêter en décembre et d'atteindre 229 modèles en janvier 1956. Inutile de s'étendre sur la qualité des DS : c'est sa clientèle qui la fera évoluer. Celle-ci est composée de *Citroënistes*, personnes enthousiastes dont bien des voyages sont l'occasion de rencontres inoubliables avec le réseau, n'hésitant jamais à relever les bras de chemise pour donner la main au mécano qui a ouvert son atelier un samedi soir ou un dimanche. Rouler en DS, c'est encore participer à l'aventure automobile.

500
thomas.fleuret@renault.com

500
thomas.fleuret@renault.com

500
thomas.fleuret@renault.com

500
thomas.fleuret@renault.com

FIAT 500

IL RITORNO DELLA CINQUECENTO

Elle revient ! Qui donc ? La Cinquecento, la 500, la fille de la Topolino. Elle s'est d'abord montrée en 2004 sous le visage d'un concept-car très original, la Trepiùno. Une trois places dont la ressemblance stylistique avec la 500 a déclenché un engouement unanime. La même frimousse avec ses dimensions réduites, ses deux portes et son toit, presque identique, sinon que le verre a remplacé la toile. De quoi envisager la renaissance d'une voiture très populaire en Italie et ailleurs, de suivre les pas de la Beetle et de la Mini dont la carrière des versions modernes n'a pas été parallèle. Preuve de l'existence d'un risque. Sergio Marchionne, administrateur délégué de la Fiat et sauveur de la maison Agnelli, a donné son feu vert pour peu que la nouvelle 500 reprenne la plate-forme de la Panda, ses moteurs et même un Diesel, et ce au prix d'une taille devenue bien plus Large que Small. Le 4 juillet 2007, cinquante ans jour pour jour après l'apparition de la première version, la nouvelle Fiat 500 est présentée. Un symbole fort pour une marque que l'on croyait vouée deux ans plus tôt à la disparition.

La Fiat 500 balance entre mythe et légende. On imagine en elle toute l'Italie de l'après-guerre. A peine sortie de *Rome ville ouverte*, de ces années où tout repart en un clin d'œil. Un peu loin de l'histoire. La 500 est née tardivement, presque après coup. Dans une Italie qui peine à reprendre son souffle après la guerre, la renaissance automobile ne démarre qu'en 1955, dans l'usine de Mirafiori, avec la Fiat 600. Conçue par l'ingénieur Dante Giacosa, cette voiture est une rupture. C'est la naissance de la voiture pour tous, de *la dolce vita* populaire. Si elle conserve un quatre cylindres en ligne refroidi par eau, elle opte pour un modeste 596 cm^3 placé à l'arrière ! Une tout-à-l'arrière, jamais Fiat n'avait osé ce choix : mais cette solution technique – celle de la Coccinelle ou de la 4 CV Renault – est très économique en termes de prix de revient, et facile à fabriquer dans des usines que l'on souhaite entraîner dans la production de masse. Giacosa ne s'en cache pas, il s'est intéressé aux travaux de Weinsberg, étroitement lié à NSU, firme qui monte depuis l'avant-guerre les Topolino en Allemagne. Le monde automobile est toujours aussi petit.

La 600 est un succès, sans pour autant toucher la clientèle voulue ! Elle est en effet encore un peu trop chère pour des familles qui se contentent de leur Vespa, avec papa, maman et les *bambini*, tous en ligne sur la selle. Vittorio Valetta, l'homme qui redresse la Fiat après-guerre, se tourne vers Giacosa pour tenter d'imaginer une *piccola* 600. C'est le projet 110 qui deviendra en 1957 la Cinquecento, un scooter à quatre roues. Ingénieur talentueux, Giacosa ne se contente pas de concevoir une simple réduction de la 600. Il y a certes deux places généreuses à l'avant, une banquette sommaire à l'arrière, et un toit de toile pour rouler comme en deux-roues. Mais le moteur est d'une culture très différente, plus proche du savoir-faire de Piaggio – pas encore propriété des Agnelli – que de celui de Fiat : c'est un bicylindre à plat, refroidi par air, de seulement 479 cm^3, accouplé à une boîte quatre vitesses non synchronisée. Le moteur est à quatre temps ; il ne consomme que 5,5 litres au cent, et entraîne la voiture à 90 km/h. Tout est dit ? Non, il manque l'essentiel, la bouille sympathique, dessinée tout en rondeur et si bien équilibrée que la petite est belle au point de devenir la coqueluche des familles, des jeunes et des vieux, la voiture de l'Italie tout entière, bénie en personne par Paul VI.

La Fiat 500 est parfaitement adaptée à son temps et son lieu. Economique à l'achat et à l'usage, elle devient la voiture des villes avec ses 2,57 m de long, là où la circulation est impossible dans le dédale des temples romains et des palais médiévaux. Elle est aussi la voiture des campagnes, permettant enfin aux ruraux de se rendre en ville. Les jeunes l'adoptent d'emblée, signe de modernité et outil de transport indispensable pour sortir des nouvelles banlieues. Les ouvriers de Turin et Milan sont ravis de pouvoir aussi librement redescendre dans le *Mezzogiorno* natal pour y retrouver la famille. L'été, les 500 roulent en files ininterrompues sur les autostrades écrasées de soleil, toutes chargées de marmailles à l'arrière et de bagages sur le toit puisque le coffre avant est occupé par le réservoir d'essence (21 L) et la roue de secours, laissant 150 litres de volume de rangement !

La 500 se décline, se conjugue et s'accorde. Elle s'embourgeoise en version luxe, se dote d'une carrosserie break, dite Giardiniera, Jardinère ou Kombi selon les pays. Elle est le jouet des sorciers et des bricoleurs tels Abarth, Giannini ou Steyr-Puch. Elle est la muse des petits carrossiers qui se font la main puis un nom, comme Ghia, Moretti ou Autobianchi. En Europe, elle est vendue directement par NSU en Allemagne, par Simca en France. Elle devient ainsi une voiture européenne. La nouvelle 500 a tout pour suivre les traces de son aînée, et même pour devenir une voiture culte. Retour de la 500 : *Grazie mille* [1] !

1 : *Mille mercis*

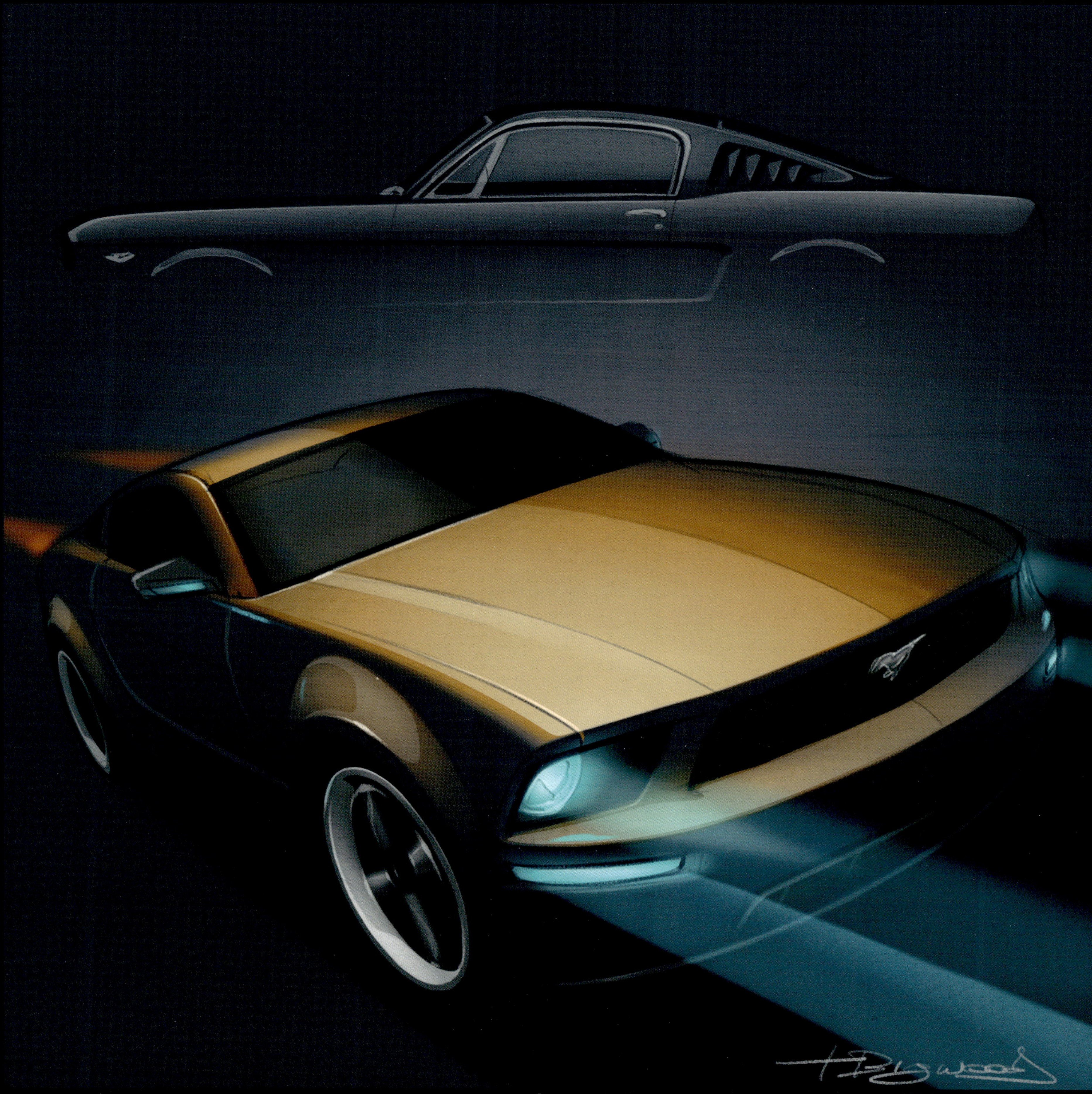

FORD MUSTANG

UN RETOUR AU GALOP

Non, la Mustang n'est pas morte ! Présentée en 2004 et 2005 en version coupé puis cabriolet, la nouvelle monture est conçue autour de deux moteurs V6 et V8, deux pur-sang de 210 et 300 ch, dotés en série de boîtes 5 manuelles ! A l'évidence, Ford cherche son âme et ses valeurs dans son histoire. Car la Mustang moderne reprend les canons stylistiques de celle de 1964, la Mustang de Jean-Louis Trintignant poursuivant le train d'Anouk Aimée, ou celle de Steve McQueen dévalant les rues de Frisco. Voiture mythique des sixties, la Mustang a une histoire singulière liée à celle de son créateur, Lee Iacocca.

Fils d'immigré italien devenu ingénieur et diplômé de Princeton, Lee Iacocca est un passionné d'automobiles. Son rêve, travailler chez Ford, l'entreprise reine de sa jeunesse. Il y entre en 1946 comme spécialiste de l'hydraulique et des boîtes automatiques. Mais il s'ennuie très vite. Il force les portes pour changer d'orientation et être là où *« les choses se passent »*, à la direction des ventes. Iacocca apprend toutes les ficelles du commerce et les astuces des vendeurs. En 1956, il devient chef du marketing de Ford, sous les ordres de Robert McNamara ; il appartient à l'équipe la plus regardée des Etats-Unis, celle que la presse baptise *« les petits prodiges »*. En 1960, au moment où McNamara rejoint JFK à la Maison Blanche, Henry Ford II offre à Iacocca - 36 ans - la direction de Ford ! Consécration et incarnation du rêve américain.

Iacocca réfléchit aussitôt au plan produit. Malgré d'incontestables succès, la FoMoCo reste hésitante : alors que l'échec aux Etats-Unis de l'Edsel est encore dans toutes les têtes, Ford vient d'annuler - malgré 35 millions de dollars d'investissement - le projet Cardinal, une voiture dédiée au marché allemand. Deux événements révélateurs de sa difficulté à adapter ses produits aux différents marchés. Rompu aux contraintes commerciales par ses années passées sur le terrain, Iacocca sait qu'il faut partir des clients. Entouré de trois hommes, Don Frey, chef de la production, Frank Zimmerman, spécialiste du marketing et Gene Bordinat, designer de talent, Iacocca choisit de s'intéresser à la clientèle de demain, la jeunesse du baby-boom, passionnée d'automobiles et de sport, mais pas toujours assez riche pour débourser 5.000 dollars pour une voiture neuve. En clair, Iacocca imagine une voiture sportive, à un prix défiant toute concurrence, 2.500 dollars : c'est le projet T5. D'emblée, et compte tenu des contraintes de coûts, l'idée de partir d'une feuille blanche est écartée. Le prix d'une étude complète - entre 300 ou 400 millions de dollars - est impossible à rentabiliser pour un produit qui ne dépassera pas les 100.000 unités. La base de la voiture sera celle de la vaillante Falcon, avec son essieu rigide, ses ressorts arrière à lames et ses freins à tambours, mais avec son V6. Les puristes s'insurgent, à commencer par Don Frey qui lâche, dans un vocabulaire qui n'aurait pas déplu à Nixon, *« faire une voiture de sport avec une Falcon, c'est mettre des faux seins à ma grand-mère »*. Iacocca poursuit son idée : *« On garde le châssis et le moteur de la Falcon, mais on fait une peau neuve, avec une carrosserie de rêve. »*

En juillet 1962, Gene Bordinat, le patron du Style, rassemble trois de ses meilleurs dessinateurs. Il leur commande pour le 15 août *« la ligne à couper le souffle »*. Le travail de Dave Ash se démarque aussitôt. *« Dès que j'ai vu la maquette en argile,* explique Iacocca, *j'ai été frappé par l'impression de mobilité de cette voiture. »* Le dessin donne une telle agressivité à la voiture que son créateur la baptise aussitôt Cougar. Reste alors la mission la plus difficile : convaincre. Les industriels demeurent sceptiques sur la faisabilité de greffer la carrosserie de la Cougar sur un châssis de Falcon. Les financiers s'inquiètent de la marge laissée par une sportive vendue à peine 2.500 dollars. Quant aux commerçants, séduits par une ligne ravageuse, ils adhèrent au projet T5 lorsque celui-ci est rallongé de quelques centimètres pour donner un peu de place aux passagers arrière. Le feu vert est donné en 1963... pour une voiture sans nom.

Difficile de baptiser T5 Cougar lorsque Henry Ford en personne s'y oppose, annonçant sa préférence pour T-Bird II. Mais pourquoi pas autre chose, en l'occurrence Torino, qui renvoie au design et au renom des grands carrossiers transalpins ? Là encore, l'opération est complexe puisque le même Henry Ford II - alors en plein divorce - fréquente une belle Italienne ! Une flopée de noms est alors lancée : Branco, Puma, Cheetah, Colt... et Mustang ! Aucun lien avec le pur-sang, mais une référence à l'avion de chasse de l'US Air Force. Le marketing reprend aussitôt ce nom, le détournant sur l'image de ces chevaux sauvages du Texas et du Nouveau-Mexique qui incarnent l'esprit de liberté et d'évasion. Charles Keresztes dessine l'animal au galop, une petite œuvre d'art qui ornera bientôt les calandres. Le 27 avril 1964, la Ford Mustang est présentée pour la première fois à la foire mondiale de New York. Un succès inouï, bâti sur un prix imbattable et une gueule ravageuse : 100.000 ventes en 100 jours. Même Iacocca n'a jamais imaginé pareille fête. Mais la réussite de la Mustang ne se mesure pas seulement en quantités produites - 607.298 modèles vendus sur la seule année 1966. Elle se compte en argent : Ford, qui a choisi un prix modéré, propose une politique d'options qui arrondit les marges, et permet à chaque client de personnaliser sa Pony Car. Sur une voiture vendue 2.368 dollars, les clients rajoutent en moyenne 1.000 dollars d'options, à commencer par les pneus à flancs blancs (80 %), l'autoradio (80 %), le V8 (71 %) et la boîte automatique (51 %). Une excellente affaire : *« Pendant les deux premières années,* explique Iacocca, *la Mustang nous a rapporté un bénéfice net de 1.100 millions de dollars. »* Sans compter une image exceptionnelle que Ford, quarante ans après, tente de reprendre, comme pour retrouver aussi la voie de la réussite.

CIBIÉ
CIBIÉ
19

ALPINE

FAUSSE DOUCEUR POUR UNE ESPIÈGLE

Tout est né d'une passion. Celle d'un jeune entrepreneur, Jean Rédélé, fils du concessionnaire Renault de Dieppe, diplômé d'HEC et avant tout mordu de sport automobile. Dès la sortie de la 4 CV, Rédélé s'amuse sur les routes normandes, battant notamment le concessionnaire Peugeot et sa 203 sur un mémorable Dieppe-Rouen. Son coup de volant est tel qu'il s'engage dans des compétitions internationales comme les Mille Miles ou le Monte-Carlo, remportant haut la main sa catégorie. Intégré à l'équipe officielle Renault par François Landon en 1951 tout en poursuivant la marche de sa concession, il rêve d'une voiture plus légère et surtout plus puissante. Une utopie dans une France qui se lance dans la production de masse, et vend sans aucun mal ses voitures populaires, si ce n'est au rythme d'usines éternellement insuffisantes. L'automobile n'a pas besoin du sport pour sa promotion. Rédélé sera donc seul pour créer sa voiture. Un premier prototype, dessiné par Michelotti et fabriqué par Allemano, est engagé au rallye de Dieppe dès 1953. Une deuxième version, présentée à New York sous le nom *The Marquis*, est proposée, sans succès, aux Américains. Mais c'est finalement un coach dessiné par Jean Gessalin, équipé de pièces et d'éléments Renault et motorisé par un bloc de 4 CV poussé à 41 ch, qui deviendra l'A 106 dans le cœur des amoureux de la marque dieppoise. Présenté à Pierre Dreyfus en août 1955, puis à la presse en septembre, soit peu avant le Salon de l'Auto, il marque la naissance d'une marque, Alpine, en souvenir de la victoire de Jean Rédélé à la Coupe des Alpes. La légende des routes commence.

Rédélé est plus fidèle à Renault que la Régie n'est attentive à Alpine. Les petites voitures de Dieppe – proposées en coach, cabriolet et coupé – évoluent au gré des modèles de Billancourt : si l'A 106 est la fille de la 4 CV, elle se mue en A 108 avec la Dauphine, puis en A 110 avec la R8. Entre-temps, elle a quitté les ateliers de Chappe et Gessalin, dans la banlieue parisienne, pour intégrer ceux de Dieppe...

Depuis 1960, l'A 108 existe en version berlinette. L'appellation deviendra générique. En 1962, l'A 110 berlinette reçoit le moteur 5 paliers de la R8, plus tard les dérivés 1.100 et 1.300 cm³ des 8 Gordini de 85 et 103 ch, permettant de développer la berlinette 1300 S. Celle-ci devient une référence tant ses singularités sont grandes : poutre centrale et coque en polyester, trains roulants et mécanique Renault, tout-à-l'arrière et freins à disques. Elle conquiert sa réputation sur les routes, à la fois acrobate dans les lacets du Turini et funambule le long des ravins de Corte. Sa maniabilité est exceptionnelle, même si elle demande à ses pilotes une maîtrise de tous les instants. Sa légèreté lui confère des vitesses que les grosses Jaguar ou Ford sont incapables d'atteindre. Née de la compétition, sa vie devient celle du sport automobile, révélant tout le talent français de l'improvisation et de la débrouillardise. Face aux armadas officielles, de Porsche à Lancia, qui sont déjà en train de *professionnaliser* le rallye, Alpine garde la main, mais toujours à sa manière. C'est la victoire du fil de fer et du chatterton sur la programmation bureaucratique, celle de David contre Goliath.

Rédélé peut compter sur une belle équipe, une véritable *dream team*, où se côtoient les meilleurs talents, Jean Vinatier et Jean-François Piot. Vie spartiate et modeste pour ces *gentlemen drivers* qui partagent les dures conditions des hommes du rallye, donnant la main aux mécanos de Dieppe, là où le patron lui-même est de la partie. L'image d'Alpine se construit aussi sur cette solidarité. Les mousquetaires des années suivantes garderont le même état d'esprit, que ce soit Gérard Larrousse, Jean-Claude Andruet, Jean-Luc Thérier ou Jean-Pierre Nicolas. Depuis 1966, alors que les Alpine entrent enfin dans le catalogue Renault, Dieppe prépare une version dotée du moteur de la R16, plus tard de la TS, évidemment *gonflée* par le préparateur Marc Mignotet. La berlinette 1600 S devient la quintessence de la voiture de sport avec un triplé à Monte-Carlo en 1971, puis, dans une version encore plus puissante, un titre de Champion du monde des rallyes en 1973, l'année même où la Régie reprend la maison de Dieppe pour créer Alpine-Renault.

La Berlinette est la passion de toute une jeunesse qui, plus qu'avec la Gorde, trouve dans cette voiture une âme. Celle de l'authenticité, mêlant la générosité à la rudesse. Sans rien de superflu ou d'ostentatoire, la Berlinette est plus qu'une R8 Gordini ou une Mini Cooper. Elle n'est pas la voiture de tout le monde. C'est la Berlinette, celle qui sort de l'ordinaire grâce à une ligne équilibrée et indémodable, où la féminité de la silhouette se marie à l'agressivité d'une gueule, autant marquée par quatre phares intégrés – auxquels s'ajoutent deux longues portées Cibié – que par son important carrossage négatif à l'arrière ou ses larges pneumatiques XAS. L'habitable est un lieu qui reçoit d'abord le moteur. C'est là que l'on entend le mieux les rugissements du quatre cylindres, que l'on sent ses efforts par la chaleur dégagée au travers d'un léger carénage recouvert d'une garniture cousue de losanges. Ambiance chaleureuse, au vrai sens du terme, qui permet de faire corps avec la voiture. Rien de cosy ou de high-tech. La planche de bord a toujours gardé la nostalgie de la Dauphine, avec ses commodos en plastique, même si les deux grands compteurs changent tout, avec leurs aiguilles qui bondissent et trahissent instantanément les montées en régime et les accélérations. L'Alpine berlinette est une histoire d'amour, pas seulement pour ceux de sa génération, la flamme touchant aussi les plus jeunes. Elle incarne la vivacité de la *sportive à la française*, une fausse douceur pimentée d'une délicieuse touche d'espièglerie.

CAMARO

I'M BACK !

Rick Wagoner ne serait-il qu'un comptable ? Dès qu'il prend la parole, c'est pour parler de chiffres, probablement pour calmer les actionnaires et les banquiers. Pourtant, il ne semble pas si bien compter que cela, étant donné les 9 milliards de dollars de pertes en 2005, devenues 56 milliards en 2007, soit le PIB du Maroc. Et quand on pense que ce Monsieur Kerkorian, pesant à peine 10 % de la General Motors, a voulu lui donner des leçons de stratégie en proposant une alliance élargie avec Renault-Nissan, on peut s'interroger ! Brillant économiste diplômé de Harward, Wagoner reste plus un financier et un manager qu'un homme de produit. Un drame, car Milton Friedman n'a jamais su faire une voiture, et les conseils de George *Deubeliou* – un proche de Wagoner – semblent sans effet malgré leur force : *« God saves America. »* GM a peut-être besoin de réapprendre que les fondements de la profession demeurent les produits, en clair l'automobile.

Que peut faire General Motors, sinon oublier ses SUV et autres 4x4, et réinventer la voiture ? Même sans idée neuve, l'Amérique regorge de tant de produits emblématiques des années glorieuses qu'il suffirait d'en ressusciter une, à l'image de Ford qui a fait renaître la Thunderbird (née en 1955) puis surtout la Mustang (1964). On dira que GM a déjà la Corvette. Mais ce serait oublier que cette voiture n'a jamais été abandonnée et, bien qu'elle ait beaucoup évolué, est restée présente au point d'être non un mythe, mais un produit actuel. Les responsables de GM se sont alors penchés sur la Chevrolet Camaro. Un must né en 1967 et produit jusqu'en 2002, après d'innombrables changements comme seuls savent en faire les Yankees. Et pour le coup, General Motors a fait un gros effort : 3 milliards d'investissement dans ses usines canadiennes qui assureront la production, et par là même ne fermeront pas leurs portes. Camaro V6 ou V8, coupé ou cabriolet, la promesse est officielle, avec lancement prévu en 2009, à des cadences annuelles de 100.000 unités. Avec ce type de programme et des slogans adéquats, style *« America is back »*, c'est l'occasion de rouvrir les temps du rêve et de l'insouciance des sixties. Lancée pour rivaliser avec l'exceptionnelle Ford Mustang, la Camaro s'est résolument opposée au cheval sauvage par *« une belle carrosserie aux lignes douces et harmonieuses »*. La Camaro est à l'élégance ce que la Mustang est à l'agressivité. Elle est le fruit du Studio Center de la GM dirigé par Henry Haga. La recette utilisée par GM est identique à celle qui a conduit à la naissance de la Pony car. Cette Camaro, née du projet XP-836, emprunte la plupart de ses éléments mécaniques à une banale berline de série, la Chevy. Quant à son patronyme, il est d'abord cherché parmi des noms d'animaux – Mustang oblige. Chevrolet hésite entre Panther, Chaparral – un oiseau qui a la particularité de marcher plus vite qu'il ne vole – et Wildcat (le chat sauvage). Finalement, l'option de se démarquer de la Mustang est prise, notamment pour Chevrolet qui incarne aux Etats-Unis la voiture populaire. C'est Camaro qui est plébiscité, un nom pour lequel ses inventeurs revendiquent *« une vieille appartenance française, proche des mots amie ou compagnon »*. Tiens donc ? Un dérivé de camarade ? Tendancieux aussi près du Fidel ami de La Havane.

Avec 220.000 exemplaires produits dès 1967, la Camaro se hisse très vite à la moitié du marché initial de la Mustang. Et le score ne fléchit pas, avec 235.000 exemplaires en 1968, 243.000 en 1969. Le cumul de quelques restylages déroutants et de la baisse des performances due à la mise en place des normes antipollution freine l'essor du modèle dont les premiers exemplaires gardent tous leurs charmes. La Camaro repart à la charge en 1979 avec 282.000 exemplaires, grâce à un style cette fois agressif, bien en rapport avec ses motorisations V8 qui équipent l'essentiel de la production. En vingt ans, la Camaro devient une légende. D'abord celle d'un élégant coupé, marqué par cette ligne noire si singulière qui encercle la face avant, puis celle du fast-black au look ravageur grâce à ses deux larges bandes, capable de séduire Starsky et Hutch... jusqu'au contrat juteux déposé par la Ford Company. Ce retour de la voiture sportive aux Etats-Unis étonne en Europe, où les constructeurs jouent le rétro pour des voitures populaires style Beetle, Mini ou Fiat 500. Il y a probablement la différence de culture et de motorisation qui fait que la voiture des Trente Glorieuses reste celle de l'équipement des familles. Mais il y aussi une certaine idée de la continuité en Europe. La 911 – née 901 avant que Peugeot n'intervienne – reste une 911 depuis 1963, même si celle d'aujourd'hui n'a que peu de rapport avec celle des origines. La voiture est devenue intemporelle, quasi générique. Même logique chez Aston Martin, Mercedes ou Ferrari dont les DB, SLS ou Daytona ont fait leur mue en grossissant avec le pouvoir d'achat de leurs clients. Mais qu'en est-il des petits mythes des années 1960 qui ont enflammé tant de foules ? Lancia a tenté un remake de sa Fulvia avant que ses contrôleurs de gestion ne serrent les budgets. Renault a fermé Alpine en 1995 quand l'A 610 n'a plus trouvé que neuf clients. Mais pourquoi n'avoir pas imaginé depuis quelque chose de pétillant, en bleu de France avec deux bandes blanches, ou mieux, en forme de Berlinette qui reste la voiture française la plus emblématique ? Les Français n'attendent tout de même pas un cours de marketing du Professeur Wagoner ?

VOLKSWAGEN GOLF I - made in Germany - D38440 Wolfsburg
GTI
tom@08
GTI GTI GTI

VW GOLF

LE SYNDROME DE LA COX

N'en déplaise à Volkswagen, la Golf n'est pas au mieux. Cinquième du nom, elle devait tenir une fois encore le haut du marché des M1. Mais cette fois, des Golf killers sont apparues, bien nées et bien construites, du nom de Peugeot 307 et Renault Mégane. De quoi faire douter Volkswagen, contraint, trois mois et demi après le lancement de Golf V, de revoir ses tarifs à la baisse puis de lancer des campagnes promotionnelles. Les actionnaires seront amers : le résultat d'exploitation de 2005 s'est effondré de 62 %, la marge ne représentant plus que 2 % du chiffre d'affaires. Un plan de sauvegarde est lancé en mars 2006.

Volkswagen est prisonnier de la voiture qu'il a lui-même créée en 1974, puis imposée comme la référence internationale. Le carcan Golf est tel que le produit n'a plus évolué que par des touches homéopathiques depuis Golf IV, alors que les changements étaient plus nets entre Golf I, II et III. Dans ces conditions, Golf V n'offre rien de stimulant, surtout lorsque la concurrence et l'autoconcurrence font rage, et que le client fidèle, voire attitré, n'existe plus. L'Audi a remplacé la Golf comme produit de statut social, la Seat a pris la place des Golf sportives. Les GTi sont désormais au musée, remplacées par des Diesel qui, pour tout amateur de moteurs, restent évidemment des mazouts. Vingt ans de Golf, et voici qu'apparaît le doute. Un moment qui en rappelle un autre, celui où Volkswagen a connu les pires difficultés pour se défaire d'un autre monstre sacré, la Coccinelle, dont on ne souhaite se souvenir que de ses 21,5 millions d'exemplaires. Pourtant, dès la fin des années 1950, le patron de Volkswagen, Heinz Nordhoff, s'inquiète. Il glisse un jour à Pierre Dreyfus, président de Renault, *« que l'on marche toujours mieux sur deux pieds que sur un »*, lui avouant qu'il cherche à épauler la Coccinelle, voire la remplacer pour permettre à ses clients de monter en gamme. Ainsi naissent les 1500 (1961) puis 1600 (1965), toutes déclinées en berline, Variant, break et cabriolet. Ce sont des dérivés de Coccinelle, dotés de carrosseries plus modernes, mais toujours bâtis sur la même architecture et des moteurs identiques ou réalésés. Volkswagen se voit totalement prisonnier de son outil industriel – l'usine de Wolfsburg – dévolu à sa voiture fétiche. Les 1500 et 1600 sont loin des espoirs escomptés.

Cette situation n'a rien d'inquiétant tant que les Coccinelle se vendent. Et elles trouvent preneurs de 1955 à 1970, avec des modifications infinitésimales. L'agence de publicité américaine, DDB, tourne même ses campagnes sur cette originalité, se moquant du modèle annuel américain qui vieillit la production en cours, rabaisse la valeur de l'occasion et force le client au renouvellement. *« La Cox ne change pas, car il n'y a rien à lui changer »* peut-on lire dans le *Times*, avant que DDB ne lance un jeu des sept erreurs avec photos de Beetle de 1959 et 1964, et une règle simple : trouver les modifications intervenues en cinq ans. Volkswagen se moque de lui-même, avec brio et humour, dans cette Amérique consumériste. Son dernier slogan ? *« Pour faire de votre Cox 1954 un modèle 64, repeignez-la. »*

La décennie 1960 est bien moins facile, car la Coccinelle entame son déclin. On constate vite que les ingénieurs de Volkswagen sont incapables d'imaginer autre chose qu'une Coccinelle, rivés à l'idée qu'une voiture est obligatoirement une tout-à-l'arrière. Un handicap considérable au moment où Renault, Peugeot, Fiat, Simca et même Ford-Allemagne réussissent leur mutation technique. Après la Variant, Volkswagen propose en 1967 la 411, en coach, berline et break, en deux ou quatre portes, et même avec la première injection électronique – 411 E – sur un moteur arrière à air, toujours à plat ! La 411 compte parmi les plus grands échecs commerciaux du constructeur allemand, au moment où la Coccinelle s'essouffle. Pour sortir de cette impasse, Rudolf Leiding et Carl Hahn, qui imaginent l'après-Nordhoff, bousculent un président affaibli, Kurt Lotz, lui imposant une stratégie de rachats. D'abord celui d'Auto-Union à Mercedes en 1965, puis celui de NSU en 1969. Du premier, il ressuscite la marque Audi et découvre la traction avant et la monocoque. Deux nouveautés que toute la concurrence utilise depuis cette décennie. Du second, il récupère une berline moderne, encore à traction avant et à caisse autoporteuse, la K 70, digne héritière de la Ro 80. C'est pour Volkswagen un formidable apprentissage par l'acquisition : la K 70 et l'Audi 50 sont intégrées l'une après l'autre dans le catalogue Volkswagen, la première sans même changer de nom, pour remplacer au plus vite une 411 encore enlaidie en devenant 412, l'autre en la rebaptisant Polo avec logo VW. La Golf est déjà sur les planches à dessin. A défaut d'être un créateur d'automobiles, Volkswagen devient un chef d'orchestre, mariant pour l'heure les talents des autres, ceux de NSU, Audi, Giugiaro et Bertone. La Golf n'invente rien. Elle est l'héritière de ce qui se fait alors de mieux, la *voiture à la française*, autrement dit la synthèse qu'a réussie le premier Simca Chrysler avec la 1100, une conjugaison de la traction avant Citroën, du moteur transversal et du segment M1 de Peugeot, de l'habitacle polyvalent avec hayon de Renault.

Après des années d'errements, Volkswagen a donc trouvé la solution pour sortir de l'enfermement technique dans lequel il s'était lui-même glissé. La leçon est claire : trente ans de production d'un même produit, si glorieux soit-il, a tout simplement rendu ses ingénieurs stériles. Parlez-en à Henry Ford, lui qui n'a jamais compris pourquoi on lui faisait arrêter l'indémodable modèle T.

DAUPHINE

FILLE DE...

RENAULT

JUVAQUATRE

L'ARRIVÉE D'UNE PETITE VOITURE

FLORIDE

LE RÊVE AMÉRICAIN

RENAULT 16

LA RÉVOLUTION DE VELOURS

ESPACE

VINGT ANS DE SUCCÈS

MUSIC
EDITH PIAF
MAURICE CHEVALIER
GAZ NATUREL

JUVAQUATRE

L'ARRIVÉE D'UNE PETITE VOITURE

Rien ne va plus dans la maison Renault. La crise de 1929, Louis Renault l'a crue pour les autres en regardant Peugeot chercher des financiers au lendemain de la faillite de son banquier Oustric, et Citroën passer sous les fourches caudines d'une équipe de choc de repreneurs : Michelin, la banque Lazard et le Comptoir sidérurgique de France. Deux catastrophes pour ses concurrents directs qui lui ont fait croire que sa marque devenait maître du marché français. Erreur, les malades ont du tonus : une fois la Banque de France et les établissements suisses convaincus de sa situation industrielle très saine, Peugeot retrouve une position exceptionnelle grâce à son dernier modèle, la 201. Cette 6 CV se vend au-delà de toutes les prévisions. Quant à Citroën, dont la maladie est allée jusqu'au dépôt de bilan, il lui a suffi de sortir une traction avant enfin au point pour retrouver la première place du marché français en 1937, talonné par ce diable de Peugeot qui se prépare déjà à lancer la 202 l'année suivante. Le secret de ces guérisons ? Une même politique de restructuration axée sur l'adaptation au marché, et un effort industriel d'ampleur pour abaisser les coûts. Louis Renault s'est contenté d'attendre la fin de crise, comme on ouvre son parapluie par mauvais temps. Du coup, il est dépassé par deux concurrents qui se sont remis en cause.

Louis Renault n'a plus qu'une seule issue, baisser ses prix de vente et laminer ses marges. Le résultat est immédiat : pour la première fois de sa vie, la maison affiche des pertes en 1936 et 1937. Pire, elle n'est pas sûre d'avoir le modèle de sortie de crise digne de ces 201 ou Traction. Le grand débat autour d'une dépression qui dure tourne éternellement autour de deux mots : *« petite voiture »*. Or, Louis Renault ne l'entend pas. *« La petite voiture,* dit-il, *est la voiture d'approche dont tout le monde rêve, mais son développement est très faible et son prix sans bénéfice. En fait, il n'y a qu'une voiture qui se vende, la voiture de 1.000 kg. C'est la voiture résistante et spacieuse pour emmener quatre personnes. C'est elle qui fait le fond de toutes les ventes et qui se revend parce qu'elle est tout simplement normale et répond aux dimensions et aux conditions humaines. »* Qui peut donc contredire un Louis Renault plus patron absolu que jamais ? En présentant la Novaquatre en 1937 ainsi qu'une énième version de la Primaquatre, il y a de quoi se demander si Renault n'est pas opposé à l'idée même de la voiture populaire. *« Non, je n'y suis pas hostile,* répond-il. *J'ai proposé que les trois grands constructeurs désignent des ingénieurs pour étudier une voiture populaire dont chacun se répartirait la fabrication. Cette suggestion n'a pas rencontré d'écho. »* Rien d'étonnant. Citroën prépare sa TPV et Peugeot peaufine sa 202. Renault doute, craignant qu'un véhicule trop bon marché n'attire la clientèle des modèles supérieurs. Son réseau ne s'en remettrait pas, lui qui est habitué aux voitures avec marge. Enfin, les ingénieurs de Renault avouent, dès 1935, être incapables de concevoir une petite voiture rentable.

Dans ce contexte, Louis Renault, flanqué d'Edmond Serre, part observer la concurrence, notamment les dernières Opel présentées au Salon de Berlin 1935. Faut-il donc s'étonner de la nouvelle Renault de 1937, la Juvaquatre ? Cette 6 CV a été mise à l'étude en 1935 autour d'un quatre cylindres de 1.003 cm³ offrant 23 ch à 3.500 tr/mn. Avec une boîte à trois rapports, partiellement synchronisée, elle atteint 95 km/h pour 7 litres aux 100. Mais le véritable changement tient à sa construction : pour la première fois, Renault choisit la caisse autoporteuse, permettant des gains de poids – elle pèse 760 kg –, de matières et de temps de fabrication, autant de facteurs pour diminuer le coût de revient. A l'évidence, Renault se place dans le sillage de Citroën... et d'Opel. Mais contrairement à ses concurrents, il refuse de faire appel au spécialiste américain Budd qui, pourtant, en détient les brevets. De quoi esquiver une redevance de 2 dollars par Juva. La seconde évolution notoire est l'adoption des roues avant indépendantes. Quatre ans après Peugeot, trois après Citroën, le système reste un gage de confort et de tenue de route. Si les esprits chagrins regrettent le maintien de l'essieu arrière rigide et surtout des freins à câbles, Renault répond en termes de coûts et de prix de revient. Reste le style : la Juvaquatre ressemble comme une sœur à cette Opel Olympia que Louis Renault a admirée au Salon de Berlin : c'est un coach quatre places, avec coffre à bagages uniquement accessible de l'intérieur.

Si les 30 premiers modèles sont prêts pour le Salon, 16 autres sont fabriqués jusqu'au 31 octobre pour constituer une présérie de 46 modèles. Ils sont envoyés dans les directions commerciales et succursales pour être soumis à des essais spéciaux. Recherche de la qualité totale pour être dans le Top 3 des firmes françaises. La direction commerciale dénombre 40 défauts majeurs en décembre 1937. Il faut les corriger avant le lancement en série prévu pour le printemps 1938. Parmi les points à revoir, on note l'insuffisance des pare-chocs, les démarrages difficiles par temps froids et les trop nombreux déréglages. Un peu de patience pour commander l'une des deux versions prévues, la Luxe à 16.500 francs ou la Grand Luxe à 18.500 francs. Reste que Renault est bien passé à la petite voiture. Mais quelle sera sa place face à la 202 Peugeot et une certaine KdF dont on commence à parler de l'autre côté du Rhin ?

D. MARZOLF Février 2008

DAUPHINE

FILLE DE...

Quelle classe cette Dauphine ! Elle fête ses cinquante ans l'année même de la naissance de sa dernière petite-fille, la Clio IV, la sœur cadette de Clio I, qui toutes deux partagent, en plus des liens du sang, un titre de Voiture de l'année. Ah si le trophée était né plus tôt, il est sûr que la Dauphine l'aurait décroché, avec l'élégance des grandes de ce monde, comme la reine Elisabeth d'Angleterre ou la princesse Grace de Monaco, celles qui en reçurent un exemplaire en cadeau. Mais à quel prix ! Une visite de l'usine de Flins, en talons aiguilles et tailleur Chanel, dans la bronca d'ouvriers massés le long de chaînes subitement abandonnées. La Dauphine - ou ses copines - n'a jamais laissé indifférent ! De quoi comprendre l'infante. Fille de la Régie nationale des usines Renault, héritière de la première entreprise française, elle a compris qu'on allait se mettre en quatre pour elle. Elle ne se montre pour la première fois qu'au Palais de Chaillot à Paris, en mars 1956, avant de naître officiellement en Suisse, dans le plus noble des Salons, celui de Genève. Fille à papa !

La Dauphine est si fière qu'elle se cache de ressembler à la 4 CV. Surtout vue du dessous. Elle hérite du tout-à-l'arrière dont son père, Fernand Picard, reste un inconditionnel. Bien des pièces et des éléments proviennent de sa mamie, notamment ce que l'on appellerait aujourd'hui la plate-forme, mais aussi les liaisons au sol ou la mécanique. Le moteur est presque le même, un rien plus puissant - 5 CV - grâce à l'initiative de Jean-Auguste Riolfo, le patron des essais, qui laisse dire, en haut lieu, que l'idée vient de Fernand Picard. Pas d'histoire de famille. Pour le style, le grand-père, Pierre Lefaucheux, exige de l'élégance. Il faut sortir de ces Renault dessinées par des carrossiers, des hommes plus marqués par les questions techniques que stylistiques. La bande à Barthaud fait pourtant l'essentiel. Elle se surpasse en dessinant une jolie petite Frégate toute en rondeurs sensuelles. Pourtant, la dernière main est laissée aux couturiers italiens de la maison Ghia, par Luigi Segre en personne. Pour Barthaud, les Italiens n'apportent que des améliorations de détails. Pour Riolfo, ils parviennent à résoudre les insolubles problèmes de surchauffe du moteur : un petit coup de ciseau et deux pinces aux portes arrière, sous la ceinture de caisse, pour conduire l'air frais vers des ouïes latérales cousues devant les passages de roues. La robe est parfaite, capable de marier l'élégance au fonctionnel. Quant à l'intérieur, Lefaucheux va plus loin, embauchant une artiste de renom, Paule Marrot, une femme qui révolutionne l'art textile de l'ameublement grâce à la vivacité de couleurs souvent traitées en aplat. Entre les six teintes de carrosserie vives et les trois garnitures intérieures résolument gaies, notamment les tissus bayadères puis scoubidous, la Dauphine a de la classe. Surtout pour une petite voiture vendue à peine 55.000 anciens francs de plus qu'une 4 CV. Pas assez chère ma fille !

Coup de tonnerre au Tour de Corse 1956. Une Dauphine remporte la victoire de l'un des plus difficiles rallyes au monde, celui aux 10.000 virages. Victoire de femmes, évidemment, avec Gilberte Thirion et Nadège Ferrier. L'équipe que dirige avec maestria François Landon récidive en 1958. Guy Monraisse et Jacques Féret remportent le prestigieux Monte-Carlo. La Dauphine devient la favorite des champions. Les noms illustres se pressent à son volant : Cahier, Frère, Orsini, Rédélé, Rosier et même Trintignant. De quoi aller plus loin, et évidemment plus vite. D'abord, écouter François Landon pour faire une vraie Dauphine de compétition, la 1093. Peut-être la première voiture de course abordable. Ensuite, utiliser le nom magique du sorcier de Viry-Châtillon pour lancer en série la Dauphine Gordini. Attention ma fille, tu roules trop vite !

Trop vite, c'est ce que disent aussi les OS de la chaîne, ceux qui montent ces Dauphine tous les jours, 48 heures par semaine. On n'a jamais vu en France de telles cadences pour une voiture de série. Prévue à 800 exemplaires par jour, elle dépasse les 2.000 en 1960. Pierre Dreyfus, devenu PDG de la Régie quelques mois avant la naissance de la Dauphine, ne sait plus où les faire assembler : il a beau agrandir l'usine de Flins, il faut aller plus loin, demander de l'aide à l'usine belge de Haren - celle que l'on appellera dans une seconde vie Vilvorde -, puis à Alfa Romeo, qui accepte d'en monter une centaine par jour à Milan. Et pendant ce temps-là, les usines sud-américaines nourrissent leurs propres marchés. La Dauphine se mondialise. Son lieu de prédilection devient les Etats-Unis. Elle y arrive discrètement en 1956, avant de connaître une diffusion inattendue, poussée par l'image filante d'une Etoile à turbine, encouragée par des commerçants à la perspicacité redoutable : *« La seule concurrente de la Dauphine est la Coccinelle. Or cette voiture est laide avec sa forme de caneton, rien à voir avec notre Dauphine. »* Tout est dit, même l'argumentaire de vente ! Reste qu'en 1959, 500 Dauphine partent chaque jour du vieux vers le nouveau continent, soit un modèle sur quatre ! Le succès est si spectaculaire que Dreyfus et Picard décident de préparer une Dauphine cabriolet. Ce sera la Floride, rebaptisée Caravelle outre-Atlantique pour ne vexer personne. La Dauphine et sa sœur découvrable sont au pinacle de la réussite à la française, jonglant avec les slogans les plus porteurs, les *made in France* ou *styled in Paris*. Brigitte Bardot fait en personne la promo de la Floride, posant négligemment sur le capot d'une Dauphine afin d'en rappeler la filiation. La presse américaine est séduite, reprenant à son compte un vieux slogan de Chrysler : *« T'es un peu belle mignonne, t'es balancée comme une Renault. »* Fille de star !

FLORIDE

LE RÊVE AMÉRICAIN

En arrivant à la présidence de Renault en mars 1955, Pierre Dreyfus a, sans tarder, révélé la stratégie qu'il entendait conduire. Accélérer au plus vite la croissance de l'entreprise pour retrouver la première place des marques européennes, et tabler sur un doublement, puis un triplement de la production, soit un passage de 1.000 à 2.000 véhicules par jour, avec un objectif de 3.000 pour 1963. Conscient des capacités du marché français, Dreyfus a divulgué le second objectif de l'entreprise, corrélat du premier : Renault doit exporter à terme 50 % de ses voitures, tablant à la fois sur la fin des marchés coloniaux protégés et l'ouverture probable des pays européens qui s'engageront dans le Marché commun. Mais que faire dans l'immédiat ? Des cinq pays au monde ne pratiquant aucune politique de contingentement ou de surtaxes à l'importation émergent le Canada et les Etats-Unis, soit les plus grands marchés. Le non-choix est très vite pris, d'autant que Renault a déjà une jolie voiture, la Dauphine. Elle partira dès 1956 à la conquête du Nouveau Monde qui, grâce à la performance de l'Etoile filante sur le Lac salé de Bonneville, aura eu le temps d'apprendre aux Américains le nom imprononçable de Renault.

Plus élégante et spacieuse que la 4 CV, sans risque mécanique puisque directement dérivée de celle-ci, la Dauphine a de réelles chances de succès, à condition d'améliorer quelques détails et de pousser ses performances grâce aux tubulures Autobleu. La filiale américaine insiste toutefois sur la globalité de l'offre : la Dauphine doit être épaulée par un minibus et une découvrable. La leçon est à l'évidence allemande, avec la beetle, le cabriolet Karman et le Combi. Dreyfus vient sur place au printemps 1957 évaluer la situation, ravi de constater que la Dauphine se vend sans mal. Il rassure en annonçant que l'étude de l'Estafette est lancée depuis 1953, mais se montre perplexe sur le cabriolet. Sa visite en Floride le fait changer d'avis, poussé par son directeur des études, Fernand Picard, et le gouverneur de l'Etat qui lui propose d'installer une usine chez lui. La Dauphine cabriolet s'appellera évidemment Floride ! Reste à concevoir la voiture, dont aucun projet n'existe, juste l'idée de reprendre tous les éléments mécaniques de la Dauphine. Le dessin de la carrosserie est confié à Pietro Frua, qui travaille alors pour Ghia. La voiture est élégante, dessinée toute en longueur pour mieux asseoir sa ligne, dotée d'ailes avant et arrière à peine proéminentes pour s'inscrire dans la mode du moment. Le choix se porte sur un cabriolet décapotable 2+2 équipé d'une capote en toile de coton non doublée, avec lunette arrière souple. Le bureau d'études de Renault étant totalement accaparé par la future R4 et une six cylindres qui ne verra pas le jour, la Régie donne l'étude d'industrialisation à Chausson. Faute de potentiel, ce dernier rejette l'offre d'en assurer la fabrication. Renault se tourne alors vers Brissonneau & Lotz, un petit artisan installé à Creil dont l'expérience est bien légère compte tenu des cadences souhaitées : 50 à 70 voitures par jour. La Régie consent alors à détacher de sa nouvelle usine de Flins deux chefs des méthodes et trente ouvriers professionnels afin d'encadrer au mieux les hommes de Brissonneau.

Au cours de l'étude, les ingénieurs de Chausson proposent de réaliser un hard top, un toit métallique qui remplace la capote durant l'hiver, offrant une lunette arrière en verre ainsi que deux glaces de custode ouvrantes. Une formalité technique qui séduit tellement les commerçants de la Régie que ceux-ci s'interrogent sur une Floride devenue d'un seul coup un très séduisant coupé ! Renault décide alors de tripler son offre. Au client de choisir entre les modèles découvrable, convertible – cabriolet avec hard top – et coupé, ce dernier recevant une banquette arrière moins spartiate, et bien sûr un pavillon soudé à la caisse. La magie du Meccano industriel permet une variété à bon compte, qui fait rêver Renault à un retour remarqué dans le créneau B.C.B.G. des coupés et cabriolets, sans imaginer encore que la Floride sera souvent en France la voiture des dragueurs et des garçons coiffeurs. Reste que les commerçants de la Régie préviennent qu'avec 70 voitures par jour, ils ne pourront pas satisfaire les marchés, notamment américains.

Les préparatifs outre-Atlantique révèlent une difficulté à laquelle personne ne s'attendait : une voiture baptisée Floride ne se vendra pas en Californie ! Autant prendre Caravelle, en l'honneur de l'avion phare de Sud-Aviation. Dès les premières photos présentées, les Américaines trépignent d'impatience. Le Salon de New York de janvier 1959 est inoubliable. Sur un stand *so french*, tendu de bleu-blanc-rouge très *Styled in Paris*, c'est l'euphorie. La Caravelle, dont Brigitte Bardot a vanté elle-même les mérites, draine 13.000 commandes ! Le siège de Renault Inc, modestement installé au Waldorf-Astoria, un hôtel style Art déco situé sur Park Avenue, ne désemplit pas. Seul regret, les achats ne portent que sur des cabriolets, et pas un seul coupé ! Mais le plus grave est ailleurs : les chaînes de montage sont incapables de livrer la moindre voiture avant dix mois, et il faut outiller Brissonneau dans l'urgence, cette fois pour 200 à 250 Floride par jour, en maintenant la flexibilité coupé-cabriolet qui dépendra de la demande européenne. Pas facile de plaire à tous, surtout loin du soleil de Floride.

D. MARZOLF Février 2008

RENAULT 16

LA RÉVOLUTION DE VELOURS

Mars 1965, Salon de Genève. Renault dévoile la R16, celle que l'on appelle la *« grosse Renault »* tant la marque s'est spécialisée dans les petites cylindrées depuis 1945. A côté de la R8, héritière des Dauphine et autres 4 CV, de l'éphémère R3 et des étonnantes R4, 4L et 4 Super, la 16 fait bien figure de grande. Longue de 4,23 m, dotée d'un 1.470 cm³ de 8 CV fiscaux, la R16 est proposée à 9.900 francs dans sa version de base, 10.650 francs en version luxe. C'est apparemment cher pour une Renault, sauf si l'on regarde la concurrence. La 16 est moins coûteuse qu'une 404 et infiniment plus abordable qu'une DS. Et à y voir de plus près, elle est bien difficile à comparer à ses rivales tant sa personnalité la démarque. Pourtant, Renault ne mise pas, comme Citroën ou NSU, sur le théâtral ou l'exceptionnel. Son choix reste celui de la rationalité.

Il y a longtemps que le président de Renault, Picrre Dreyfus, caresse l'idée de lancer une grande voiture sur des marchés de plus en plus internationaux. En 1957, le succès bien réel de la Dauphine aux Etats-Unis le conforte dans le choix d'une limousine dotée d'un moteur six cylindres en ligne. Une voiture classique pour l'Amérique, qui devrait être fabriquée dans la future usine de Sandouville, près du Havre, sur les quais menant au Nouveau Monde. C'est le projet 114. Il est confié à un bureau d'études toujours dirigé par Fernand Picard, le *« père »* de la 4 CV, mais déjà largement dominé par Yves Georges, un polytechnicien très ouvert aux progrès techniques puisque créateur de la 4L, la première traction avant de la Régie, la première voiture fonctionnelle et polyvalente, dotée de la porte arrière. Malgré des travaux encourageants et l'achèvement du quatorzième prototype, l'étude 114 est abandonnée en 1961, sur ordre brutal de Pierre Dreyfus. Non seulement le marché américain vient de s'effondrer, entraînant la Régie dans la première crise majeure de son histoire, mais le marketing de Renault exclut toute possibilité d'écouler une six cylindres en France et en Europe compte tenu du prix élevé. Dreyfus tente aussitôt de rebondir. Il faut d'abord apaiser la douleur de ses techniciens pour qui l'abandon d'une étude est vécu comme un deuil. Il charge ensuite Georges de capitaliser les recherches accomplies pour se pencher sur *« une 1500 qui ne soit ni une 404, ni une Opel Rekord »*. Première idée, le six cylindres sera amputé de deux cylindres. Deuxième idée, Dreyfus imagine une *super 4L* pour la classe moyenne supérieure fleurissant avec l'épanouissement des Trente Glorieuses. De quoi rendre le moral aux troupes de Georges : les ingénieurs de Renault vont tout simplement se concocter leur propre voiture, la 8 CV, dont ils ont besoin en tant qu'utilisateurs ! La 114 est morte. Vive la 115.

La 115 est une *voiture à vivre*, dans le sens où Renault reprend les idées maîtresses de la 4L : plus de malle arrière, mais un volume modulable, plus de propulsion, mais la traction avant. Et pas question de se contenter d'une grosse 4L. Le style devient un élément de conviction, car aucun cadre ne se voit rouler dans une voiture qui, comme la 4L, donne à son propriétaire l'image d'un artisan ou d'un agriculteur. La 115 doit être élégante, capable d'intégrer le hayon dans un dessin novateur, de rejeter la connotation de camionnette qui colle à la 4L. La tâche est ardue pour Claude Prost-Dame à la Carrosserie, et surtout Gaston Juchet au Style qui, aidé du cabinet Charbonneau, propose des esquisses de 115 déclinées en berline, fast-back, coupé et cabriolet. Des dessins de Juchet naît la R16 avec sa ligne arrière si singulière, synthèse de break et de berline : une porte arrière très oblique ouvre sur un coffre habitable et modulable, sur un intérieur transformable grâce à sept positions de sièges. Une vraie révolution qui se mesure dans les multiples combinaisons d'utilisation offertes. *Position vacances* pour agrandir le coffre en avançant une banquette arrière qui peut accueillir les trois enfants du baby-boom. *Position Maman* pour caler le couffin du petit dernier en reculant le siège avant droit. *Position Rallye* pour offrir une couchette au passager lors des longs trajets nocturnes. *Position Chargement* pour revenir d'un après-midi passé à chiner aux Puces. La R16 jongle avec l'espace, comme pour s'adapter à la vie de ces jeunes cadres qui roulent beaucoup. Déplacement pour le travail, bien sûr, mais aussi pour les week-ends naissants et les vacances rallongées à quatre semaines. Ils tracent la route, empruntant ces nationales où la vitesse est libre, prenant ces nouvelles autoroutes qui doivent bientôt relier la capitale à Nice et Deauville.

La R16 doit donc avoir les performances de son rang. Si les premières versions sont un peu chiches – 55 ch et 145 km/h –, la TS lancée en 1968 est un aboutissement : le moteur en aluminium sous pression est porté à 1.565 cm³. Doté d'une culasse hémisphérique, il développe 83 ch permettant de filer à 165 chrono, dans le confort et la sécurité d'une traction avant suspendue par des barres de torsion, munie d'un freinage assisté avec deux disques à l'avant. L'équipement surabondant démarque la 16 TS de toute la concurrence : phares additionnels à iode, compte-tours électronique, dégivrage de la lunette arrière, essuie-vitre deux vitesses couplé au lave-glace, feux de recul, allume-cigare, rétroviseur jour/nuit, spot de lecture, et même en option vitres avant et toit ouvrant électriques. Du jamais vu en grande série, tout comme l'alternateur monté depuis 1965. Faut-il s'étonner de voir la R16 recevoir le titre de Voiture de l'année le 3 février 1966 ? Avec le recul de l'histoire, il est clair que la voiture a anticipé son temps, puisqu'au moteur transversal près, elle préfigure la voiture d'aujourd'hui. Mais la 16 reste controversée. Plus que la qualité perfectible des premières versions qui nuit au plein succès en 1965, la ligne très décalée dérange un public conformiste qu'il faut tout simplement éduquer à la différence. La R16 devient de ce fait une référence. Au-delà de la force de créativité et d'audace d'une marque, elle montre la capacité de Renault à ouvrir des voies et à convaincre, autant la clientèle que la concurrence. En 1965, la R16 a bouleversé l'automobile, sans bruit, déclenchant une révolution de velours.

ESPACE

VINGT ANS DE SUCCÈS

Avril 1984, Renault présente l'Espace dans l'indifférence quasi générale. Mis à part le nom qui sonne bien dans la culture Renault des voitures habitables et modulables, on ne comprend pas bien à qui s'adresse cette ou cet Espace. Le réseau commercial Renault, connu pour son dynamisme, est abasourdi. Il est incapable de vendre un produit si décalé que ses hommes eux-mêmes s'interrogent sur l'utilité de l'engin. S'agit-il d'une voiture utilitaire ou familiale, ou plus simplement d'une camionnette pour famille nombreuse ? Les ventes sont exécrables, 2.703 pour toute l'année 1984 alors que le contrat passé avec son fabricant, Matra, en prévoit 54.000 sur cinq ans, soit au minimum 7.000 la première année. Fin 1984, les dirigeants de Renault commencent à s'interroger sur la possibilité de résilier le contrat... preuve que bon nombre d'entre eux n'y croient pas, ou n'y croient plus. Mais le patron de Matra, Jean-Luc Lagardère, y croit-il lui-même ? Depuis qu'il est entré en contact avec le président de la Régie Renault, Bernard Hanon, il n'a cessé de proposer une *« grande affaire »* : la vente de la licence de fabrication de l'Espace, doublée de celle de l'usine de Romorantin et du bureau d'études automobiles de Matra. En clair, Lagardère tente de se débarrasser d'une division automobile qui a connu avec Simca et Talbot plus de bas que de hauts. Hanon hésite, car il est de ceux qui – avec son directeur du produit Jacques Cheinisse – pressentent dans l'Espace une idée forte. Par contre, il n'est pas du tout intéressé par le bureau d'études de Matra, celui-ci allant faire double emploi avec le BEREX – les études avancées – qu'il vient d'installer à Dieppe. Quant à l'usine de Romorantin, les matériaux composites riment pour Renault avec déboires et surcoûts. Non seulement l'expérience industrielle acquise avec Alpine s'est révélée catastrophique, mais Alpine et Matra réussissent à faire des carrosseries en matières plastiques sans utiliser la même technique ! L'opération globale est donc impossible.

S'il est un homme qui croit en l'Espace, c'est Philippe Guédon, son créateur. Ancien ingénieur de Simca, il est le père de toutes les Matra depuis la 530 de 1967. L'idée de l'Espace lui est venue d'un voyage aux Etats-Unis durant lequel il a utilisé un van. En 1979, il lance le bureau d'études sur ce type de véhicules, hélas à un moment complexe où Matra est lié à Talbot, où Chrysler Europe vient d'être racheté par PSA ! L'étude, qui s'appelle P 16, utilise des composants mécaniques et des suspensions de Talbot Solara, donc de Simca 1307. De 1980 à 1981, elle jongle avec les pièces Peugeot et Citroën pour séduire l'une ou l'autre marque. Trop Talbot, le P 16 est *Peugeotisé* pour devenir un P 17 plus petit, puis un P 18 plus habitable. Il est ensuite *Citroënisé* pour s'adapter à la future BX, devenant du coup P 20. Tous ces projets se ressemblent, avec une ligne dessinée par Antoine Volanis, une architecture de monocorps avec moteur transversal et traction avant. Tous ont aussi malheureusement les mêmes défauts, un plancher compartimenté, une banquette arrière de 604 austère, et une qualité apparente vraiment dissuasive. Mais qu'importent ces qualités ou défauts. Jacques Calvet, président de PSA, a tranché depuis longtemps, ne laissant aucune marge de manœuvre aux patrons des marques Peugeot et Citroën, il est vrai tous deux intrigués par l'engin, mais bien plus sceptiques qu'enthousiastes. Jacques Calvet est là pour redresser les comptes déficitaires de PSA, et non pour tenter des paris osés. Son choix est simple : couper les branches mortes au sein du groupe Peugeot, en l'occurrence Matra Automobiles à qui il rend la liberté contre un dédommagement de 63 millions de francs. Affaire classée.

Devant pareille situation, les pouvoirs publics interviennent dès 1982. Décidés à lutter contre le chômage, ils sont résolus à empêcher la fermeture de l'usine de Romorantin et la mise sur la touche des 900 salariés. Propriétaires d'une Régie Renault à 100 %, ils permettent la rencontre décisive de Lagardère et Hanon. Pour ce dernier, la découverte du projet Guédon est un coup de foudre. N'a-t-il pas demandé à Guy Grosset-Grange, le père de l'Estafette et de la 4L, de lancer une partie de ses équipes de Rueil sur un monospace dérivé du Trafic ? Mais le projet de Guédon – devenu P 23 – est évidemment dégagé des contraintes du Trafic, de ce fait plus automobile qu'utilitaire. C'est un *van à la française* dont il faut toutefois revoir la copie. Les conditions fixées par Renault en décembre 1982 sont draconiennes : d'abord une utilisation systématique de pièces et d'éléments maison, en l'occurrence ceux des 18 et Fuego, ce qui signifie la présence d'un moteur en long et non plus en travers. Ensuite une habitabilité transformée avec un plancher plat et des sièges basculants et pivotants – au nombre de 5 et 7 –, des sièges modulables et déplaçables à souhait pour créer un espace de vie, de travail et de loisir, le tout dans une logique automobile. Au vu des efforts réalisés, Renault donne son aval en janvier 1983, Matra reprenant à ce moment ses propres intérêts à PSA. Un accord est scellé en juin entre Matra et Renault, distinguant le fabricant du revendeur, donc les responsabilités de l'affaire. Le prototype Matra est validé en décembre 1983, trois mois avant sa mise en vente par le réseau Renault. Le risque devient donc celui du constructeur, c'est-à-dire de Matra, Renault se contentant d'engager son nom et son image. De quoi voir Renault plus serein à défaut d'être patient, et attendre 1985, l'année de la découverte par le public d'un Espace certes un peu cher, mais parfaitement adapté à cette notion de *cocooning automobile* que la crise des années 1980 voit éclore. Avec 14.248 Espace vendus dès la deuxième année, 18.173 en 1986, l'usine de Romorantin est saturée. A Matra d'agrandir ses installations. A Renault de prêter ses ateliers de Dieppe. Le succès est lancé pour vingt ans. Vingt ans d'Espace.

PEUGEOT CITROËN

404
Diesel
DIESEL
LE COUP DE L'INDENOR

PEUGEOT
LA SAGA DES 300

1923

CITROËN

AU NOM DU "C"

Au moment de la présentation, en 2000, de C5, Citroën avait promis que l'appellation C préfigurait le renouveau de la marque. Pourtant, fade et frisant la banalité, personne n'a vu dans C5 l'amorce d'un mieux. Patience. Depuis 2001, les C3, C2, C4, C6, C1 et la vraie C5 marquent enfin le tournant attendu : de vraies voitures, baptisées de la lettre C, qui font la part belle à la mémoire culturelle du constructeur. C'est donc bien la fin de ces Citroën nées sous X, les CX, BX, AX et XM, devenues ensuite Xantia, SaXo, Xsara. Un retour aux *Çources*... avec le C de Citroën.

Fondateur de sa marque en 1919, André Citroën lance le modèle C en novembre 1921. Il vient logiquement après le A, produit en mai 1919, puis le B introduit en juin 1921. Mais le C se veut d'emblée différent. A l'heure où tous les concurrents de Citroën s'interrogent encore sur l'opportunité de la fabrication en série, l'homme de Javel est en avance puisqu'il réfléchit à la physionomie du marché automobile. Alors que toutes les marques rivalisent de voitures moyennes – en général des 10 CV de 1.000 kg –, Citroën rêve d'une voiture plus petite. La crise de 1921 le pousse à prendre la concurrence à contre-pied, lançant une 5 CV de 856 cm³ : ce sera le C. Fait à Levallois, loin du centre de Javel qui poursuit ses modèles B, le C est un grand succès commercial. C'est lui qui conforte Citroën au premier rang de l'automobile européenne, qui engage la marque dans des volumes de production inconnus en France. Le C, décliné en C2 (1922), C bis et C4 (1925), puis C3 (1926), est populaire dans bien des sens. Son prix de vente, tout comme son coût d'utilisation, le démarquent des concurrents, notamment des voiturettes trop proches des cyclecars. Son allure lui vaut une telle sympathie que le public le baptise du joli nom de Trèfle, allusion faite à sa version trois places, deux à l'avant et une troisième à l'arrière, lovée dans la pointe que dessine la carrosserie. Un mythe est né, celui de la voiture décalée, offrant à Citroën *« l'image de la différence »* qui deviendra sa force. Les petites 5 CV sont les premières à séduire une clientèle féminine, évidemment élitiste, marquée par cette vision de la femme américaine qui bouleverse les clichés : portant le cheveu court et la jupe au-dessus du genou, elle s'est dégagée des tabous de la société pour gagner une liberté qui la laisse danser le charleston, fumer une cigarette et conduire seule une automobile...

Au Salon de 1928, les AC 4 et AC 6 sont lancées, rebaptisées dès 1929 de noms qui feront date, C4 et C6. Ce sont des 9 et 14 CV que Citroën conçoit comme deux versions d'un modèle unique. En clair, les deux voitures sont identiques à trente pièces de carrosserie près, la grande différence concernant les moteurs puisque la première reçoit un quatre cylindres de 1.628 cm³, la seconde un six cylindres de 2.442 cm³. La presse encense ces C4 et C6, leur donnant le surnom très flatteur de *« petites Chrysler »* tant ces modèles respirent la modernité, incarnent la grande série et la rigueur industrielle, toutes venues des Etats-Unis.

Les C4 et C6 conduisent Citroën à dépasser pour la première fois en France le seuil des 100.000 véhicules produits dans l'année. Une consécration, fruit du modèle fordien. Pour abaisser sans relâche ses coûts de fabrication, tout en augmentant ses volumes, Citroën suit à la lettre des leçons d'outre-Atlantique. Pour mieux apprendre et surtout réussir, il a ouvert à Detroit une direction des achats capable de lui fournir les dernières trouvailles locales, que ce soient des machines, de l'outillage ou des brevets, mais aussi des organes mécaniques – comme des boîtes de vitesses ou des ponts –, allant même jusqu'à commander des emboutis qu'il fait livrer en France par bateau. Une stratégie risquée, car coûteuse, non pour une boîte de vitesses mais pour des ailes ou des capots qui, au coût de la tôle, traversent l'Atlantique à prix d'or. Enfin, les liens avec les Etats-Unis se resserrent encore plus avec la création à Detroit d'un second bureau d'études, celui de la rue du Théâtre à Paris travaillant alors directement avec celui de Chrysler. Dans ce lieu américain, Citroën et Chrysler mènent des études prospectives sur les transmissions et les freins, la boîte de vitesses silencieuse et à roue libre. Concrètement, plusieurs réalisations viennent de ce bureau d'études mal connu, comme l'évolution de la caisse métallique (Budd), le servofrein (Westinghouse), le moteur flottant (Chrysler) ou le verre Sécurit (Float glass), soit autant d'éléments novateurs que Citroën introduit le premier dans ses fabrications, en France et en Europe, s'offrant l'image d'un industriel innovant, toujours à la pointe de la modernité. C comme Citroën, contemporain, créatif et conceptuel.

Peugeot
402 N4X

PEUGEOT 402

DESSINÉE PAR LE VENT

Le Salon d'octobre 1935 est marqué par la présentation de la 402 Peugeot. Pour la première fois, un grand constructeur sort une étude où le style se mêle à cette science encore si nouvelle, l'aérodynamisme. On est déjà loin de la traction avant de Flaminio Bertoni, profilée comme un camion, mais belle parce que tout simplement basse dans un monde où l'on *monte* encore en voiture. L'homme de la 402 s'appelle Henri Thomas, embauché chez Peugeot en 1932 après avoir travaillé pour des carrossiers comme Weymann, Binder ou Kellner. Il a d'emblée pour mission de donner à Peugeot une identité, peut-être même un style. Le patron de la maison, Jean-Pierre Peugeot, ingénieur centralien, sent les dangers que la crise économique fait courir à sa firme. Quelle autre solution pour relancer les ventes que d'innover ? Il accepte de lancer une gamme de véhicules, tous identifiables par une ligne décalée et dessinée par le vent, autour de la fameuse goutte d'eau que les aérodynamiciens appellent fuseau. La ligne *fuseau Sochaux* naît donc en 1935, avec un beau slogan : *« Du vent de la vitesse est née la ligne Peugeot, la ligne aérodynamique. »*

Là où Chrysler a échoué avec l'Airflow, Peugeot réussit avec la 402. La raison vient de l'équilibre du dessin, de la faible hauteur de caisse et de la longueur hors-tout assez exceptionnelle pour une 11 CV, 4,85 m en version six glaces. La 402 d'Henri Thomas offre une ligne unique, fuyante grâce à sa silhouette allongée, juste ondulée au gré de vagues dessinées par des ailes qui vont jusqu'à recouvrir les roues arrière. Alors que la proue de la voiture est tout en rondeur, marquée par une calandre bombée derrière laquelle se logent les deux phares, la poupe est très effilée, à peine marquée par une queue de castor. Le pare-brise est en deux parties, pour suivre la forme arrondie du pavillon que les verriers ne savent pas encore habiller d'un élément bombé. Pas de doute, la 402 Peugeot se rapproche de la forme idéale du *« demi-fuseau »*. Tout est fluidité, les baguettes courant le long du capot, les poignées de portes ou les serrures noyées dans la carrosserie.

Cette ligne devient la griffe d'une marque. Non seulement toutes les versions de 402 se déclinent sur le même dessin, mais les 302 et 202 suivent l'élan. Les ingénieurs n'ont plus qu'à entamer une belle partie de Meccano pour diversifier l'offre et accroître la nouveauté en montant le moteur 402 sur les 302 et 202, créant ainsi les versions Légères. Mais l'apothéose reste esthétique : symbole de la perfection, la 402 Eclipse place Peugeot au rang des constructeurs de luxe grâce à un coupé dont le toit en tôle peut se ranger dans le coffre, manuellement ou à l'aide d'un moteur électrique. Plus qu'avec la 401 – sur laquelle le concept a été lancé dès 1934 –, un mythe est né, celui du coupé-cabriolet que l'on ne nomme pas encore CC.

Mais la 402 porte Peugeot plus loin dans la modernité grâce à l'apparition de deux éléments forts, la transmission automatique et le moteur Diesel. Au Salon de 1935, deux 402 automatiques sont présentées, proposant deux techniques différentes. Celle de Gaston Fleischel dispose d'une boîte comme il n'en existe nulle part ailleurs. Une boîte automatique, ancêtre de celle de demain. Bien au point, elle est malheureusement trop coûteuse pour le marché français. Sûr de son avenir, Peugeot en envoie quatre exemplaires aux Etats-Unis où Chrysler et Borg Warner s'y intéressent de près, entamant des études de coût et de faisabilité en vue d'acquérir les brevets. Pour la France, la 402 bénéficie de la boîte électromagnétique à quatre rapports mise au point par Jean Cotal, une option choisie par 10 % de la clientèle. L'automatisme entre pour la première fois en grande série.

En 1939, Peugeot lance cette fois une 402 Diesel. Le constructeur travaille sur cette technique depuis 1922, d'abord avec Tartrais, puis Junkers et enfin Oberhäensli. Une vision d'avenir qui ne se borne pas aux 1.000 exemplaires vendus : Peugeot est déjà dans le futur, toujours autour de cette 402. Embauché en 1934, l'ingénieur Jean Andreau met tout son savoir dans les études prospectives en matière aérodynamique. Son prototype, *Année 1940*, est présenté au Salon de 1936, aux côtés d'une 402 de série. Le parallèle est saisissant, montrant l'étendue de ce nouveau champ de recherches : si l'avant est conservé, la ligne de l'*Année 1940* semble érodée par le vent, l'arrière étant surmonté d'un aileron en forme de dorsale de dauphin. Le coefficient de pénétration dans l'air est évalué à 0,28[1] ! A moteur égal, la vitesse passe de 115 à 140 km/h, et la consommation est réduite d'un tiers. La 402 Andreau va loin, ouvrant l'avenir avec sa forme ogivale, le dessin des ailes avant conçues pour accélérer l'écoulement de l'air. Dans sa quête de la performance, Jean Andreau propose des éléments stylistiques qui feront date : le pare-brise bombé, les vitres latérales sans montant, les côtés de caisse galbés. La voiture de demain est en train de naître, permettant d'ores et déjà à Peugeot de devenir le deuxième constructeur automobile français à la veille de la guerre.

1 : 0,68 pour une 402 de série

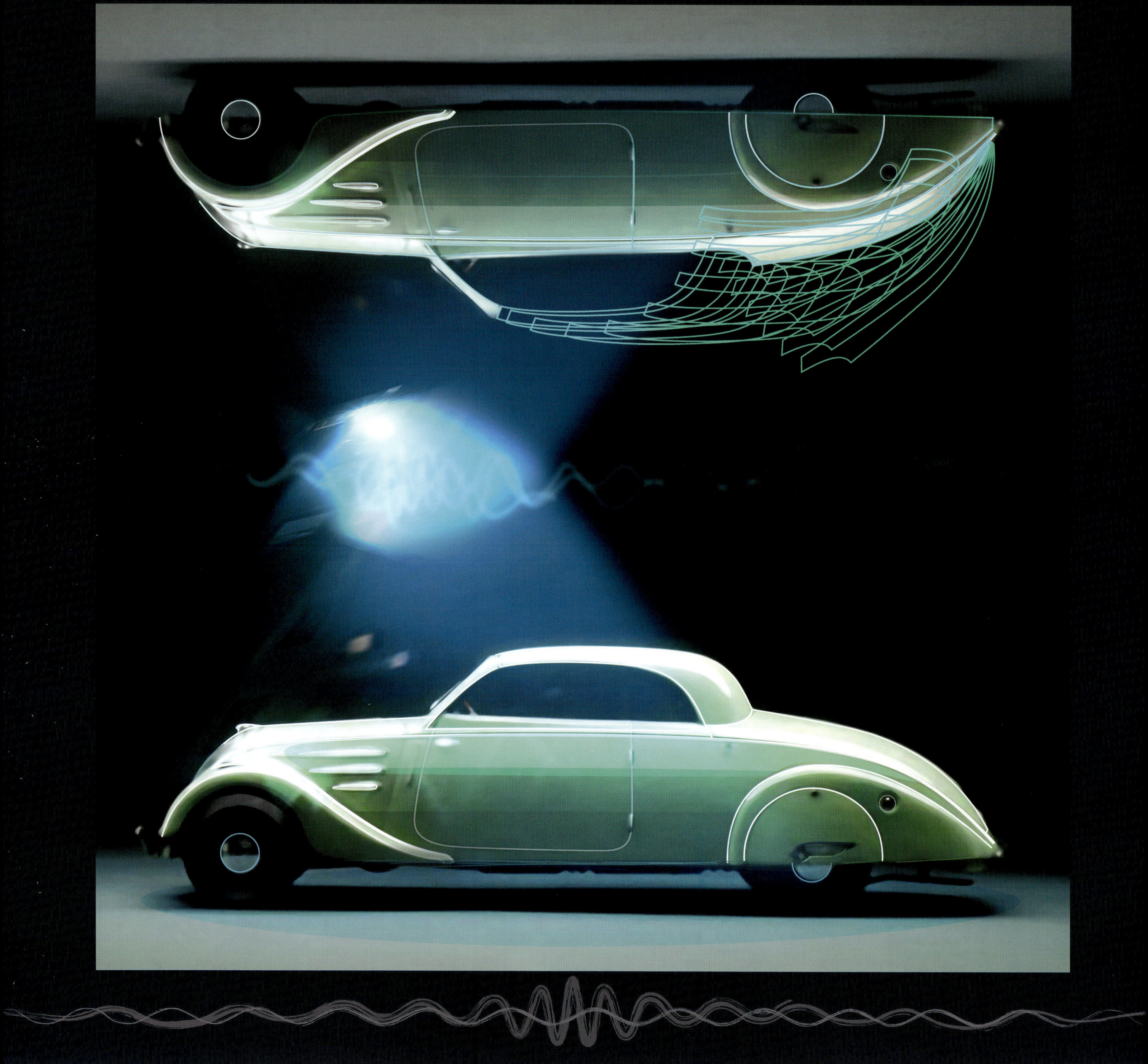

ECLIPSE

TOIT, SANS TOIT

Depuis les années 1930, le dilemme est sans solution tant les avis sont tranchés entre les adeptes du coupé et ceux du cabriolet. Elégance et volume du premier grâce à son pavillon court, ligne tendue et dynamique du second, évidemment ouvert sur un ciel sans nuages. Plus qu'un choix, c'est une philosophie pour les uns, un style pour les autres. En 1934, Peugeot bouleverse les idées reçues en proposant la synthèse du coupé et du cabriolet sur des voitures de série. Ce que l'on nomme aujourd'hui CC – pour Coupé Cabriolet ou Convertible Car – est donc né avant-guerre. Et d'une idée française.

Le concept remonte au début des années 1930, d'une rencontre étrange entre Georges Paulin, dentiste à Rueil-Malmaison, et Marcel Pourtout, carrossier à Bougival. Paulin est amateur de belles voitures, dessinateur et technicien à ses heures perdues, au point d'imaginer un toit escamotable, capable de se loger dans la malle arrière pour transformer un coupé en cabriolet. Un brevet est déposé le 5 juillet 1932, sous le n° 733.380, avec la belle appellation Eclipse. Reste à convaincre les clients – de riches amateurs de voitures de luxe – et pourquoi pas des constructeurs. Marcel Pourtout est d'emblée convaincu de la trouvaille, poussé il est vrai par Charles Blum des établissements Hotchkiss. Le toit Eclipse devient réalité, monté à façon chez Pourtout sur différents modèles. Les demandes augmentent lorsqu'un concessionnaire parisien de Peugeot, Emile Darl'mat, imagine ces cabriolets habillés d'un toit Eclipse, à l'image de la 601 faite sur mesure pour Marcel Pagnol. Pourtout offre un contrat à Paulin, lui rachetant le brevet contre une redevance de 100 francs par exemplaire produit sous sa marque. Paulin, qui n'a rien d'un homme d'affaires, accepte. Dans la foulée et sur les conseils de Darl'mat, Peugeot entre en contact avec l'équipe Pourtout-Paulin : au moment où Thomas – le styliste de Peugeot – affine la ligne des nouvelles 601 et 401 et modernise la 301, il dessine avec Paulin une version Eclipse de la 401 et de la 301.

Pour la première fois, en 1934, celles-ci sont présentées – discrètement – sur les catalogues officiels de Peugeot. Une révolution dans le monde de la voiture de série. L'aboutissement vient en 1936 avec le lancement de la 402 Eclipse : la rondeur du toit rétractable se mêle à merveille au style de la *ligne fuseau Sochaux*, œuvre majeure de Thomas. De l'union de ces deux talents naît l'une des plus belles voitures de l'entre-deux-guerres. Il y a la ligne, d'un équilibre et d'une élégance sans pareil. Mais il y a aussi la technique, indispensable pour donner vie au système : une mécanique subtile pour manœuvrer le toit, une cinématique complexe qu'actionne un moteur électrique de 7 ampères, nécessitant la monte de deux batteries mises en ligne pour obtenir une puissance encore rare à l'époque : 12 volts à 60 Ah. Cette 402 Eclipse offre à Peugeot une image de fraîcheur et de modernité encore peu répandue. L'engouement espéré pour le toit Eclipse – prévu pour la future 202 ! – bouleverse le quotidien de la maison Pourtout. Faute de place, celle-ci doit, en 1936, déménager de Bougival à Rueil-Malmaison, renforcer ses acquis en essayant tout à la fois de s'octroyer l'exclusivité de Georges Paulin et de tisser sur le long terme des liens avec les constructeurs et surtout les fabricants de voitures de luxe. Le toit Eclipse, dont le dessin s'arrondit avec la mode de l'aérodynamisme, se retrouve sur des marques de prestige comme Delage, Delahaye, Hotchkiss et tant d'autres, toutes ces marques que la crise des années 1930 fait pourtant vaciller. Si les ventes des 402 Eclipse sont aussi emblématiques que marginales, celles des maisons de luxe s'effondrent. Georges Paulin saute le pas et le *Channel*, approché par Rolls-Royce pour devenir l'un de ses ingénieurs-conseils en 1938, à quelques mois de la guerre.

Le toit rétractable est oublié à la Libération. Il est vrai que son inventeur, Georges Paulin, est mort en 1942, fusillé pour fait de Résistance. Les brevets sont tombés dans l'oubli pour les uns, dans le domaine public pour les autres. Malheureusement, à l'image des travaux de cet autre ingénieur français, Gaston Fleischel, inventeur de la boîte automatique dont les Américains pillent les travaux. Si Fleischel tentera de défendre ses droits devant la justice américaine, obtenant la reconnaissance – plus morale que financière – de l'antériorité de ses travaux sur ceux de GM, il n'en sera pas de même pour Paulin dont les héritiers n'engageront aucun recours. De quoi laisser la voie aux Américains, notamment à Ford qui, en 1956, présente deux modèles – les Edsel et Fairlane – dotés d'un *« hard top rétractable »*. La presse américaine se montre partagée, admirative devant *« cette ingénieuse fabrication créée par l'imagination des ingénieurs de la Ford Company »*, déçue par un *« mécanisme qui encombre la plus grande partie du coffre, que le toit soit sorti ou rentré »*. Le système s'améliorera avec le temps, contribuant à cette automobile de l'*American Way of Life* devenue référence incontournable des années glorieuses et insouciantes de l'*American Graffiti*. Si le sursaut européen est tardif, il n'en demeure pas moins majeur. Relancé par Mercedes en 1996 sur le coûteux SLK, le toit escamotable s'impose grâce à l'enthousiasme né autour du concept-car Peugeot *Vingt Cœur* – 20❤ – exposé au Salon de Genève de 1998. Non prévue à l'origine dans le catalogue de Peugeot, la 206 CC devient un best-seller produit à 400 exemplaires par jour ! A 100.000 francs, la 206 CC démocratise le coupé-cabriolet, permettant à Peugeot d'entrevoir un marché plus large grâce à la déclinaison du concept sur des modèles supérieurs. Mais cette fois, la concurrence est plus réactive, poussée par des fournisseurs de toits escamotables, ATS, Heuliez, Karman, qui rivalisent d'ingéniosité. Renault apporte le toit entièrement vitré sur Mégane CC, Volkswagen ajoute le toit ouvrant sur Eos, Opel affine le style de la carrosserie grâce au toit en trois éléments. Mais quelles que soient leurs différences, toutes gardent un point commun : toit, sans toit, elles sont issues de l'œuvre de Georges Paulin et de la clairvoyance de Peugeot.

Diesel
404
404

DIESEL

LE COUP DE L'INDENOR

Le véhicule hybride arrive. Certains diront que l'annonce date un peu et que les réalisations sont maigres. Mais avec le phénomène inquiétant du réchauffement climatique et la hausse régulière du prix du pétrole, les conditions ont changé. D'où, cette fois, le *vrai* développement de la voiture hybride, en attendant la panacée, déjà connue et adoubée, la pile à combustible. Et si celle-ci va rester en stand-by pour deux décennies, c'est qu'il faut achever sa mise au point, parfaire sa sécurité et construire un réseau de distribution d'hydrogène.

L'hybride arrive avec de bonnes intentions : optimiser le fonctionnement d'une automobile à essence en récupérant, sous forme électrique, l'énergie perdue. L'hybride compte donc deux moteurs, un électrique qui seconde un moteur thermique, les batteries jouxtant le réservoir d'essence. Car dans ce mariage technique, c'est bien l'électricité qui vient temporairement au secours de l'essence : hybride rime avec alternatif. Le moteur à essence reste dominant, seulement épaulé en ville par un moteur électrique utilisant l'énergie perdue. C'est si simple que l'on peut se demander pourquoi un pareil système n'est pas, à ce jour, en vente partout. Il arrive en *prime time* chez les Japonais qui parlent d'un succès mondial, puisque la Toyota Prius a glané tous les trophées de 2005, Voiture de l'année en Europe, *Best Overall Value* aux Etats-Unis et Awards américains à la pelle... Des ovations pour une Prius dont on découvre qu'elle en est déjà à sa deuxième génération, la première n'ayant séduit que 153.000 clients entre 1997 et 2004. Prius II devra mieux faire, avec à ses côtés une Honda Civic Hybrid. Alors que font les Français ?

Si Renault-Nissan joue le black-out sur ses choix techniques, se contentant de dévoiler en 2007, à Shanghai, une Logan laboratoire émettant 97 g de CO_2 puis d'annoncer le retour de l'électricité à l'horizon 2011, Peugeot avance ses pions, très vite sur des modèles de série... en osant le diesel et le filtre à particules. Peugeot, sans en faire suffisamment de bruit, devient le constructeur offrant la gamme la moins polluante, avec nombre de véhicules à moins de 120 grammes de CO_2 au kilomètre. On est loin de Toyota dont l'arbre cache la forêt. Bravo pour la Prius et ses 105 g, mais que dire des 134 g de la Yaris, 159 de la Corolla et 207 du Rav4, soit les plus grosses ventes d'un Toyota autoproclamé apôtre de l'écologie et muet sur la non-rentabilité de l'hybride ? Grâce à la hausse de ses ventes, prévient Toyota, Prius sera un jour vendue au prix d'un modèle courant à essence. Patience.

Peugeot vise 2010 pour sortir en série des voitures hybrides dotées de ses deux spécialités, le diesel et le FAP. Un pari incompréhensible pour les Japonais, le diesel n'ayant jamais fait partie de leur culture technique. Peugeot serait-il à même de bousculer les certitudes nippones ? Ce ne serait pas la première fois. En 1953, le diesel n'était pas inscrit dans la culture française lorsque les équipes de Peugeot, conduites par l'ingénieur Moulin, se sont penchées sur le *« moteur rapide à huile lourde »* ! Un moteur - baptisé en interne *Indenor*[1] - allait équiper la 403 en option, dès octobre 1959. Qui croyait à la possibilité de monter une mécanique d'utilitaire sur une voiture légère, sinon les seuls ingénieurs de Peugeot, poussés par le vice-président Maurice Jordan et le directeur commercial Maurice Badolle ? Tous deux avaient analysé les spécificités de la clientèle maison. Si celle-ci acceptait d'acheter des 203 et 403 assez chères, elle demandait en échange une solidité absolue, une parfaite revente en occasion et un coût d'usage dérisoire, autrement dit un prix au kilomètre des plus bas ! Qui se souvient aujourd'hui que les 403 Diesel revenaient moins cher à l'usage qu'une petite 5 CV ? Il fallut ensuite prouver que le diesel pouvait allier vitesse et longévité. En 1965, un moteur Peugeot *Indenor* est monté sur un coupé 404 habillé d'un cockpit et peint au couleur bleu de France. Il est envoyé à Montlhéry : 72 heures de piste pour 22 records mondiaux. De quoi tenter l'impossible, 3.878 km en 24 heures, soit 161 km/h de moyenne. Un exploit qui place définitivement Peugeot sur le podium du diesel.

En 1979, la marque lance le premier Turbo Diesel sur la 604, avant de lui ajouter un échangeur d'air qui fait naître le *mazout performant*. Elle devient le premier motoriste Diesel au monde, équipant Ford, Opel, Rover, Volvo, Citroën et même Lada, Volga et Honda ! Grâce aux efforts de sous-traitants innovants - notamment Magneti Marelli, inventeur du *common rail* -, Peugeot passe au HDi en 1998. Il entraîne aussitôt la grande maison Ford, totalement inexpérimentée dans ce type de motorisations, pour préparer une gamme commune de moteurs allant du 4 cylindres pour petites voitures au V6 pour berlines haut de gamme et aux coupés de luxe. Une domination sans partage que la mise au point du filtre à particules, en 2000, met pleinement en valeur.

Peugeot a longtemps cru seul aux vertus du diesel. Les progrès techniques ont prouvé que le prix du gazole ne faisait pas à lui seul la différence. A la consommation sont venus se lier l'agrément et la puissance. Pour peu que les avantages du HDi et du FAP s'intègrent aux voitures hybrides, les héritiers de l'*Indenor* vont peut-être étonner et pourquoi pas façonner l'avenir automobile.

1 : Indenor – ou société Industrielle de l'Est et du Nord – est une filiale de la S.A. des Automobiles Peugeot, créée en 1956. Elle permet de désengager l'usine de Sochaux des fabrications difficiles *comme les cardans, amortisseurs ou moteurs Diesel transférées dans deux sites industriels devenus pôles de compétence, Lille (Nord) et Bart (Doubs). De cette politique naîtra l'expression* Diesel Indenor.

PEUGEOT

LA SAGA DES 300

Un compte à rebours a égrainé le temps dans la vitrine du 75 avenue de la Grande-Armée à Paris, jusqu'au 6 juin 2007, à 14 h précises. A cet instant, la 308 est dévoilée au stade Bonal, dans le chaudron du FC Sochaux qui, soixante-dix ans après celle de 1937, vient de s'offrir la Coupe de France de football. Pouvait-on rêver mieux pour ce huitième numéro 300 de Peugeot ?

La première du nom, la 301, est née en mars 1933. Un choix inattendu puisque les dirigeants ont annoncé en 1929 que le salut industriel passait par le modèle unique, en l'occurrence la 201. C'est sans compter sur l'imprévu, la crise des années 1930. Les affaires s'effondrent, à l'image du marché. Jean-Pierre Peugeot, qui est plus qu'un ingénieur, connaît ses agents. Il fait un tour de France et mesure les dangers d'un modèle unique en temps de crise : il faut au plus vite élargir l'offre, aller vers la diversité pour arracher des ventes, en commençant par *étoffer* la 201 et en faire une 301. Un coup de maître fait dans une logique de Meccano, mais enrichie par une version Eclipse à toit rétractable. Peugeot connaît une belle relance, d'autant que la gamme 02 est déjà programmée, avec la 302 prévue pour 1936. Elle reprend la *ligne fuseau Sochaux*, avec cette face avant intégrant les phares dans la calandre. Peugeot oublie la crise et devient la deuxième marque française.

La série 300 renaît tardivement. On ne parlera pas de la 303, produit abandonné en cours d'études pour devenir 403. Il faut attendre 1969 et la constitution de la gamme généraliste pour voir apparaître la 304 Peugeot. Il s'agit d'une voiture d'opportunité, comme le sera en 1985 la 309. La première est dérivée de la 204, presque un remake de l'opération 201-301. Caisse de 204, face avant de 504 et malle arrière agrandie : la recette permet à la 304 de reprendre les ventes perdues de la 204 à l'exportation. Presque quinze ans plus tard, la 309 rappelle bien des souvenirs. Elle est la fille de la 205, empruntant ses composants, l'invisible comme des éléments de caisse, les suspensions et la mécanique, le visible, par contre bien caché, comme les portes, le pare-brise et les phares. Sa différence ? Un coffre à hayon avec vaste bulle arrière – du Opron un peu *cheap*. Complexité de l'histoire, elle n'est pas née pour être une Peugeot, mais la Talbot Arizona, la remplaçante de l'Horizon. Une bonne voiture, hélas lourde et chère à fabriquer. Le flop de Talbot la fait devenir lionne. Mais comme le chiffre 305 est pris, et que 306 est pour après-demain, Peugeot fait le grand écart, prenant 309. Mal aimée ou mal connue, cette 309 inaugure deux révolutions industrielles, celles de la plate-forme et de la banque d'organes. C'est à Poissy que Peugeot lance une tôlerie polyvalente capable de produire automatiquement des 309 à trois ou cinq portes, en plus des 205 elles aussi multiples. Non seulement la 309 permet d'apprendre les nouveaux systèmes de production, mais le modèle se place très honorablement sur les marchés français et européens, avec quelques versions osées comme la 309 GTi dotée du 130 ch de la 205 ou la 309 SRD équipée du 1,9 L turbo Diesel de la 405 dégonflé à 78 ch.

A l'opposé, les 305 et 306 sont des voitures de conquête qui engagent et assoient Peugeot dans le segment de la voiture moyenne inférieure, créneau majeur du marché européen. Lancée en 1977, la 305 est un modèle qui connaît un succès considérable dès la présentation, au point d'imposer des délais de livraison. Du jamais vu depuis l'après-guerre. Voiture tricorps habitable et statutaire, elle est dotée d'une ligne élégante dessinée par Pininfarina pour séduire les classes moyennes et cette clientèle sans âge attachée à une 404 qui ne sera pas éternelle. La 305 est une traction avant, comme toutes les 300 depuis 1969. Fidèle à la tradition, elle s'enrichit d'une version break et d'un moteur Diesel, mais comme la 309, elle n'aura pas de cabriolet. En 1993, la 306 s'inscrit dans le dynamisme d'une marque Peugeot sortie de la crise des années 1980. C'est le temps du renouveau, de la bataille de la première place en Europe : Peugeot multiplie les carrosseries à l'extrême avec des bicorps trois et cinq portes, une berline, un break et un cabriolet. L'offre se complète par des motorisations variées, tant essence que diesel, 16 S, turbo Diesel et même HDi. La modernité de la 306 tient à la fois à ses liaisons au sol d'exception avec déport négatif, et à un équipement très riche qui la place au sommet de sa catégorie. Peugeot, incontestable leader des 200 et 400, parvient grâce à la 306 à prendre cette fois une place de choix sur le marché des M1. Mais il est possible de mieux faire.

Elue voiture de l'année en 2002, la 307 est conçue comme le *Golf killer*. Son succès ? Savoir se démarquer du modèle allemand plutôt que chercher à l'imiter. Pour y parvenir, la 307 s'appuie sur quatre innovations. D'abord, une architecture volumique très novatrice qui la place entre la voiture *traditionnelle* et le monospace. Ensuite, une version SW dotée d'un très vaste pavillon en verre qui accroît l'impression de volume grâce à l'entrée de lumière. Une attention à l'écologie grâce aux moteurs HDi avec FAP. Enfin, une 307 CC, marquant, après la 206, le grand retour du coupé-cabriolet. Voiture emblématique de la *French Touch*, la 307 CC restitue toute la symbolique du savoir-faire de Peugeot, du créateur de la 301 Eclipse. Devenue une référence sur bien des marchés, un redoutable modèle pour la concurrence, la 307 offre un héritage de choix à la 308... la dernière des 300 puisque la 309 a déjà fait sa carrière. Drôle de sensation pour un nouveau modèle que de se savoir l'ultime... de la première lignée.

DESIGN

PININFARINA

MAÎTRE DESIGNER DE PEUGEOT

RENAULT DESIGN

RENAULT DESIGN
VINGT ANS À PEINE

CITROËN
LA RENAISSANCE

N. JARDIN

PININFARINA

MAÎTRE DESIGNER DE PEUGEOT

En octobre 2004, Pininfarina sort le dernier coupé Peugeot 406. Une voiture si exceptionnelle que Peugeot s'est permis à deux reprises de saluer à travers elle son *designer-fabricant*. En 2000, l'édition *Settant'anni* est proposée à 1.000 exemplaires. En 2004, alors que la berline 407 est déjà là, le coupé *Ultima Edizione* est lancé, évidemment numéroté. Il entre ainsi de son vivant dans l'histoire, fier d'une carrière de 120.000 exemplaires. Prévu à 50 unités par jour, ses cadences ont plus que doublé pour satisfaire la demande. L'histoire s'achève pourtant : d'abord, le coupé 407 est l'œuvre du Style Peugeot ; ensuite, il sera monté en France, dans l'ex-usine Citroën de Rennes.

La collaboration Peugeot-Pininfarina est une leçon de réussite. Elle naît par le design, s'inscrivant dans une continuité sans faille avec les 404, 504, 604, 505, 305, 405..., bref presque tout le catalogue Peugeot. Au cours de ces années, elle se double d'une coopération industrielle. Tout commence le 11 mai 1951, avec la signature d'un contrat qui porte sur l'élaboration par Farina de deux maquettes d'études pouvant devenir les prototypes de celle qui remplacera la 203. A ce moment, le secteur Style Carrosserie est dans l'impasse, incapable de trouver l'inspiration. Le service est en sous-effectifs, avec seulement trois hommes pour épauler Henri Thomas. Les différentes maquettes de celle que l'on appelle alors la 303 manquent de personnalité, successivement trop proches des Vedette, Frégate et Aronde. Pas de quoi enthousiasmer les Peugeot père et fils. Amateurs de voitures italiennes, ils font alors appel au carrossier turinois Battista Farina. Dix contrats sont scellés de 1951 à 1957, avec en cours de route le dessin de la 403 et de ses dérivés, le cabriolet et les familiales.

Le 1er avril 1957, Peugeot et Farina signent un contrat d'exclusivité pour cinq ans : ainsi naît la 404, avec sa berline et ses intemporels coupés et cabriolets. Une belle réussite qui va hisser Peugeot dans le haut du segment de la voiture moyenne, lui offrant une image *bourgeoise*, un rien *bon chic bon genre*, grâce à des lignes de carrosserie modernes, porteuses de l'élégance industrielle. Mais la naissance de la 404 laisse des aigreurs : Peugeot s'inquiète de voir Farina travailler pour tant de monde. La 404 a peut-être belle allure, mais elle n'est pas sans rappeler les Fiat 2100 et Austin Wolseley ! Et que dire du cabriolet, si proche du Fiat 1500 ! En 1962, Peugeot étend les clauses d'exclusivité à toute l'Europe pour renforcer une collaboration avec celui qui signe de la griffe *Pininfarina*, nom formé de l'union du surnom et du patronyme de Battista Farina. Le point d'orgue est la naissance de la 504, notamment coupé, chef-d'œuvre absolu qui, en 1968, a *« coupé le souffle »* du jeune Gérard Welter.

Depuis 1958, le fils de Battista, Sergio, tente de développer l'entreprise familiale. Avec son beau-frère, Renzo Carli, il essaie de convaincre les grands constructeurs de confier à la *Carrozzeria Pininfarina* installée près de Turin, la production des véhicules dérivés qui perturbe le flux des usines de grande série. Peugeot hésite, puis repousse la proposition : le cabriolet 403 connaît un succès trop modeste (2.050 exemplaires en six ans), et il est déjà assemblé hors de Sochaux, dans les anciens *ateliers de luxe* Peugeot, à La Garenne-Colombes. La situation se renverse avec l'annonce du coupé 404. Du côté de Peugeot, les commerçants vivent le rêve américain de la fin des années 1950. Ils comptent sur la création *« d'une voiture sport Peugeot Farina, jusque-là mal exploitée par les constructeurs français, tant commercialement que techniquement. Un modèle rémunérateur [dont les volumes pourraient atteindre] 15.000 exemplaires »* ! De quoi satisfaire Farina qui renchérit en expliquant que le projet serait une belle réplique de Peugeot face à Renault. La Régie, qui a signé un accord avec Alfa Romeo, se prépare à monter 120 Dauphine par jour à Milan pour alimenter un marché américain apparemment intarissable. La décision de Peugeot d'utiliser les usines Farina est donc prise, mais dans une logique assez acrobatique, pour s'assurer de la maîtrise de la qualité. Les coques, peintes et habillées en Italie, sont acheminées à Sochaux pour y être motorisées et peaufinées. Une organisation qui ne changera pas avec les coupés et cabriolets 504 (1968), puis les cabriolets 206 (1986) et 306 (1994), qui tous feront la navette entre Grugliasco ou Cambiano – les installations Farina – et Sochaux, Mulhouse ou Poissy – les usines Peugeot. Ce n'est qu'en février 1997, avec le coupé 406, qu'une Peugeot est entièrement réalisée chez Pinin. Un choix dicté par des contingences industrielles, et accepté par les progrès apparemment réalisés par le maître carrossier depuis le lancement chaotique de la 306 cabriolet. A l'usage, il apparaît pourtant que les progrès restent insuffisants et surtout peu constants. Pour satisfaire une clientèle exigeante, Peugeot contrôle a posteriori chaque voiture en France. Cher et agaçant. Il faut entrevoir dans cette situation la décision de Peugeot de faire son prochain coupé dans ses usines. Mulhouse et Sochaux s'acquittent des 206 et 307 CC, achetant les toits rétractables à Heuliez et Car Top System. L'usine moderne sait maintenant réaliser des véhicules de niche à coût réduit. Le coupé 407 sera donc fait à Rennes, l'usine des hauts de gamme Peugeot et Citroën.

Et le design ? Gérard Welter le reconnaît lui-même : *« Pininfarina nous a appris le métier. Nous sommes passés, grâce à lui, de carrossiers à designers. »* Symbole de cette évolution, PSA s'est offert un outil de créativité des plus modernes, l'ADN [1]. Situé aux portes des bureaux d'études de La Garenne et de Vélizy, partagé par Peugeot et Citroën, l'ADN n'aurait pas existé sans cet apprentissage fait à l'école italienne. Mais Peugeot ne peut pas couper les ponts. Outre des études ponctuelles, utiles et nécessaires, Pininfarina ne s'est-il pas vu confier le dessin de la 1007 ?

1 : L'Automotive Design Network est situé à Vélizy, à l'ouest de Paris.

RENAULT
DESIGN

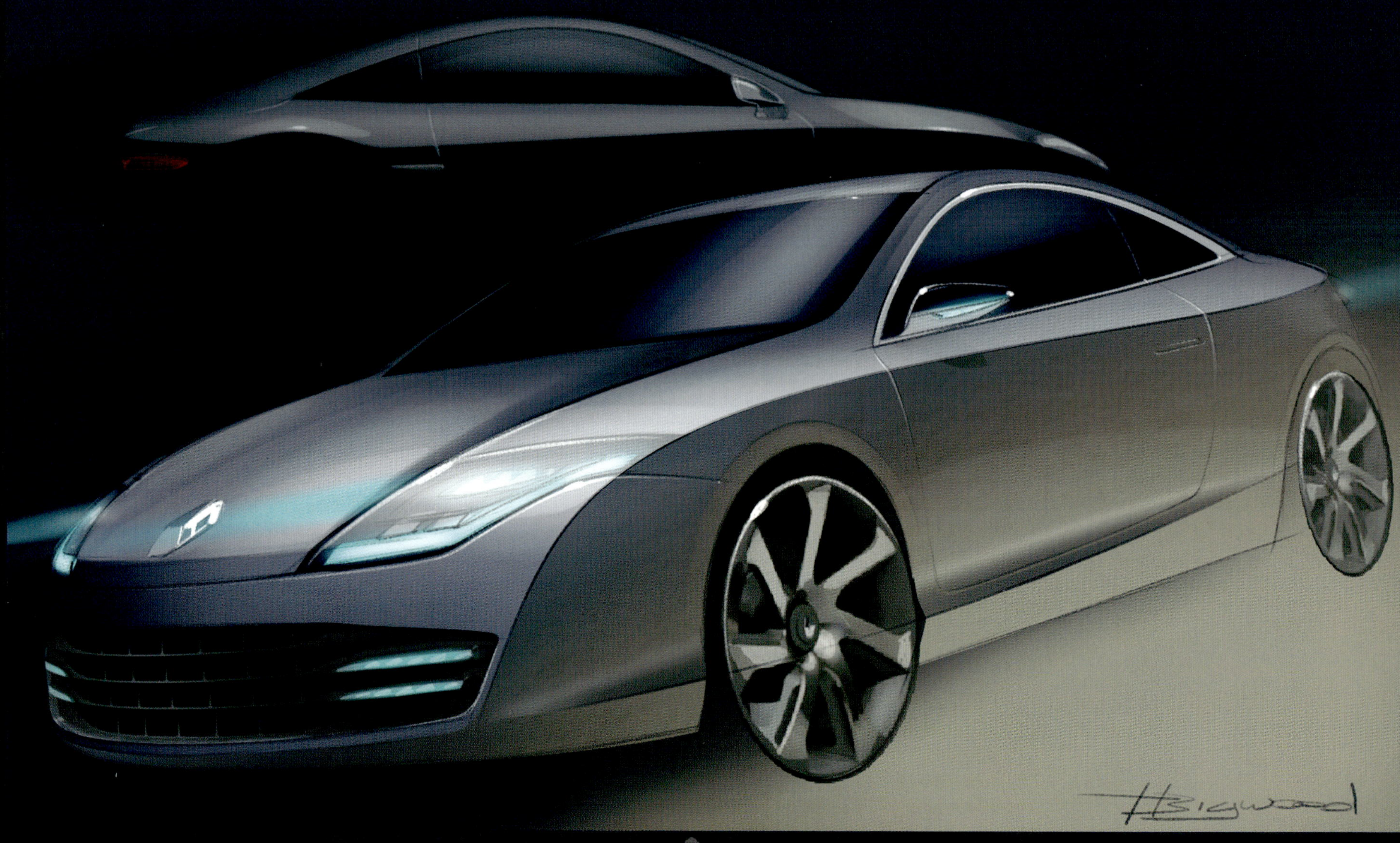

RENAULT DESIGN

VINGT ANS À PEINE

Le design est aujourd'hui un des éléments fondateurs de l'automobile. L'histoire aime à rappeler combien les Américains ont, les premiers, compris l'importance d'une démarche créative que l'on ne connaissait pas encore en Europe. En 1927, le patron de la General Motors, Alfred Sloan, crée le département *Art & Colour* qu'il confie dès 1928 à Harley J. Earl, un designer formé dans la carrosserie paternelle puis à l'université de Stanford. C'est lui qui permet à l'entreprise de prendre le virage de la tendance du *Streamline* dans les années 1930, des carrosseries toujours plus longues et volumineuses, symboles de l'*American Way of Life*, puis les codes de l'aviation lors de la naissance des jets. *Dream cars* et *Concept-cars*, Earl est le père du design automobile. La France se réveille puisque Citroën et Peugeot embauchent, étonnamment la même année (1932), Flaminio Bertoni et Henri Thomas. Leur talent éclot au grand jour avec le lancement de la Traction (1934) et de la 402 (1935). Sur ce point, Louis Renault est en retard : l'homme qui considère les ingénieurs comme des *« chieurs d'encre »* ne s'attarde pas sur un métier trop proche de l'art, antithèse de la vie industrielle qu'il construit. Il semble aussi insensible aux Art Nouveau et Art Déco qui marquent la France qu'à l'école allemande du Bauhaus, pourtant férue de concepts esthétiques mêlant la rationalisation et la standardisation. Est-ce la logique d'une marque qui fait le plus souvent carrosser ses hauts de gamme à l'extérieur, chez les grands maîtres que sont Figoni, Franay, Kellner ou Labourdette ? Reste que la voiture particulière est oubliée, dessinée à Billancourt par le service Carrosserie, autant dire dans une logique de faisabilité industrielle et non d'esthétique.

La deuxième vie de Renault ne change rien à cette singularité, si ce n'est que la marque abandonne les hauts de gamme et ses liens avec la haute couture automobile. A l'image de la 4 CV, symbole de la nouvelle Régie nationale, le dessinateur de Renault est Robert Barthaud, déjà patron de la Carrosserie avant-guerre. A l'évidence, les présidents de la Régie s'en contentent, même s'ils demandent parfois de l'aide extérieure. Budd, le spécialiste américain de l'emboutissage, est consulté pour redessiner la 4 CV. C'est Luigi Segre, de chez Ghia, qui apporte à la Dauphine les améliorations qui la rendront élégante, et Pietro Frua qui dessine une Floride à laquelle les hommes de Renault n'ont aucun temps à donner. Le changement survient en 1960 avec l'arrivée au bureau d'études de Gaston Juchet, un *« ingénieur centralien qui dessine bien »*. Un service de Style se met pour la première fois en place, au sein d'une direction des études toute-puissante. Juchet est le père de voitures aussi différentes que les tricorps 8, 10, 12, les bicorps 5[1], 6, 16, 14, 30 ou les coupés 15 et 17. Un véritable *patchwork* stylistique, lié à la création d'une gamme Renault voulue pour *« offrir une voiture à chaque marche de l'escalier »*. Conséquence, les Renault manquent de cohérence de style, ignorent le design intérieur au point de laisser un modèle phare comme la 5 devenir l'identité d'une gamme allant de la 4L à la R30. Conscient de cette lacune, Bernard Hanon débauche en 1975 Robert Opron de chez Citroën. Il prend alors l'habitude de consulter le Style en direct. C'est le temps des bulles arrière Renault, caractéristiques de la poupe des Fuego, 25 et 11. Le temps aussi des aigreurs : l'entreprise vit mal ce parachutage. A force de querelles byzantines, Opron s'en va, laissant sa place à Juchet qui doit dorénavant passer sous les fourches caudines des designers italiens. Le Style Renault est devenu le jardin privé de Marcello Gandini et Giorgetto Giugiaro.

Il faut l'arrivée de Raymond Lévy pour mettre fin à cette situation. Celui-ci appelle Patrick le Quément, un designer à la réputation internationale, devenu directeur chez Ford puis Audi-Volkswagen. En 1987, Lévy crée la direction de Renault Design Industriel, donnant à le Quément la mission de faire du design une arme stratégique, et d'imaginer un style Renault. Tout est à reconstruire, l'équipe et la motivation, l'organisation et les moyens d'études. Renault Design est d'abord une pépinière de talents que Patrick le Quément parvient à faire travailler ensemble : Jean-Pierre Ploué et son *jumeau* Thierry Metroz, Patrick Lecharpy, Milen Milenovich, Antony Grade, Xavier Allard, Dominique Marzolf... et tant d'autres. *Dream team* pour *dreams cars* : en 1988, Renault présente le premier concept-car de son histoire, *Mégane*. Plus tard viendront *Scénic*, *Argos*, *Initiale*, puis le CoupéSpace *Vel Satis* qui fête les 100 ans de Renault et les retrouvailles de l'entreprise avec son histoire et sa culture. Le rendez-vous est pris, chaque année Renault Design informe le public des tendances de demain, mesure les réactions, tout en constituant pas à pas l'identité stylistique recherchée. Alors que les premiers travaux permettent le lancement de nouveaux produits – Twingo, Mégane, Scénic, Avantime, Clio, tous signés Renault Design –, Patrick le Quément scrute l'avenir, s'appuyant sur sa profonde connaissance de l'art industriel pour croiser les savoirs, mêler les époques, imaginer et donc innover. Ainsi naît le *Touch Design* qui permet une interactivité instinctive entre l'objet et l'utilisateur. C'est la base même de la *« simplexité, celle qui rend simple des ensembles technologiques complexes »*. Dès lors, Renault peut passer à l'étape suivante, aller vers un *« design qui surprend »*, choisissant donc l'audace : pureté de *Fluence*, malice de *Wind*, élégance de *Zoé*, rupture d'*Egeus*, charme de *Nepta*. La palette de la créativité et de ses sensations est large.

Avec le Contrat 2009 et les 26 nouveaux modèles qui en découlent, Renault Design est au cœur d'une ambition qu'aucun constructeur automobile n'a eu en chantier. En vingt ans, Renault Design n'a pas seulement rattrapé le temps perdu et oublié les errements de l'histoire. Il s'est hissé au niveau des meilleurs pour apparaître comme l'un des centres les plus créatifs de la profession.

1 : La R5 est dessinée par Michel Boué, styliste de l'équipe de Gaston Juchet.

CITROËN

CITROËN

LA RENAISSANCE

Enfin C4 ! La remplaçante de la voiture préférée de Claudia Schiffer, celle dont on a déjà oublié le nom (la Citroën et non Claudia), ne passe pas inaperçue, proposée qui plus est en deux carrosseries, berline et coupé. Un produit de plus aux côtés de C3, Pluriel et C2, et même de Picasso, pour rendre une âme à Citroën. La renaissance est bel et bien en marche, un peu plus depuis que Claude Satinet et sa *marketeuse* Magda Salarich laissent les talents ad hoc s'exprimer plus librement, acceptant même de *relooker* cette lourde C5 que Satinet a imposée pour remplacer, *« pour le prix d'une »*, les Xantia et XM, jouant un compromis qui impose de ne déplaire à personne, mais empêche de vraiment séduire.

A une époque où les mauvaises voitures se font rares et où la concurrence se renforce, les bons produits doivent se différencier par un style décalé et des innovations marquantes. Sortir de l'ordinaire, du syndrome de la *Golfmania* qui montre aujourd'hui ses limites, oblige Citroën à retrouver les éléments qui ont fait sa gloire et sa légende. C4 est dans cette veine, comme le concept-car *Airdream* qui tous deux conjuguent la nostalgie au devenir. Dans des lignes résolument modernes et dynamiques, le coupé reprend des éléments de la culture Citroën : il y a un petit air de SM dans cette voiture, un rien d'Ami 6 avec cette lunette arrière oblique, un goût de DS avec les feux arrière haut perchés, ce tableau de bord clair et dégagé, et ce volant magique ! Jean-Pierre Ploué et Alexandre Malval seraient-ils les dignes héritiers de Flaminio Bertoni, l'homme qui, à lui seul, a dessiné la Traction, la DS et l'Ami 6 ? Une chose est sûre : Citroën retrouve enfin son âme, comprenant au bout de vingt ans que l'histoire n'est pas synonyme de passé, que les cultures de marque et d'entreprise sont bien des éléments fondateurs de succès, notamment au moment où la société recherche des racines oubliées ou des valeurs émoussées, où elle parle plus volontiers de préservation que de révolution.

Quel changement ! Lorsque Peugeot est approché, en 1974, par Michelin, propriétaire de Citroën, la marque au chevron est exsangue, l'ombre d'elle-même. Elle ne vit plus que de ses souvenirs lointains, la Traction de 1934, la 2 CV de 1949 et la DS de 1955. Depuis, plus rien, seulement de quoi conserver une façade novatrice qui cache la dure réalité d'une aura qui pâlit. L'Ami 6 (1961), pataude et coûteuse, ne doit son succès qu'à la sortie d'un break et au talent des revendeurs Citroën, les meilleurs de France. La GS trop tardive (1970), de la taille d'un M1 mais au prix d'un M2, fait découvrir que les clients n'achètent plus de l'innovation pour de l'innovation, surtout dans ce segment moyen, *terra incognita* de Citroën. La SM (1970), enfin, écrin de technologie, merveille du haut de gamme, est lancée sans l'appui indispensable de l'exportation. Mais Citroën reste impavide, toujours sûre de ses choix, de l'intemporalité de ses produits comme de la nécessité de l'élitisme, de l'avenir d'un moteur rotatif devenu synonyme de débâcle compte tenu de la hausse vertigineuse du prix du pétrole et des prochaines mesures de dépollution. C'est donc une marque en déclin, qui n'occupe plus que le troisième rang français, qui perd un milliard de francs par an, que Peugeot accepte de reprendre pour tenter de lui redonner vie.

Les Cassandre vont sans tarder écrire l'histoire qui leur convient, celle qui rassure ceux qui n'achètent plus de Citroën. *« La marque au chevron est étouffée par Peugeot qui empêche toute innovation pour mettre la belle d'Aulnay dans un moule sochalien. »* Cette légende tient à deux modèles, les LN et Visa, deux produits de circonstance ou de sauvetage. La LN (1976), coupé 104 rebadgé Citroën, motorisée par le bicylindre à plat d'Ami 8, est décidée dans l'urgence pour donner au plus vite des voitures à un réseau qui stocke ses DS et GS, et menace de passer à la concurrence. Même la 2 CV fait pâle figure face aux 4, 5, 6 de Renault. La seconde, la Visa (1978), est encore une 104 car Peugeot a écarté le seul projet en cours d'études chez Citroën, une petite voiture construite sur une plate-forme de Fiat 128. Le projet Visa est alors confié aux études et au Style Citroën, de toute évidence mal inspirés. La légende est faite, oubliant que l'histoire se mesure sur la durée, refusant d'admettre que Citroën aurait disparu sans la venue de Peugeot. Le diesel qui dope la CX, la ZX qui offre une gamme à quatre segments, faisant enfin de Citroën un généraliste plutôt qu'un *ni-ni*, enfin la XM, voiture de l'année 1990, et la Xantia sont bien là, hélas loin des canons stylistiques des DS, et incapables de gagner de l'argent. Tenue en vie par les finances de Peugeot, Citroën entre dans la peur de l'échec qui tétanise ses concepteurs en les laissant se contenter de faire ce qui se vend ailleurs. C'est ce qui lui fait le plus de tort, écartant la marque de ses valeurs pour l'arrimer à une clientèle de vieux fidèles. Suivre plutôt qu'anticiper, oublier de s'adapter aux temps présents.

Mais le miracle est venu. La nouvelle gamme C2, C3, C4 attire l'œil, et plus encore avec les hauts de gamme C6 et la vraie C5. Que l'on ne s'y trompe pas. Cette gamme est née dans les bureaux d'études de PSA Peugeot Citroën, un lieu de création où l'on jongle avec les plates-formes et les mécaniques communes. Les deux marques sont donc parvenues à définir leur style et leur personnalité, sans concurrence frontale. La réussite en revient à beaucoup, à commencer par la direction de l'innovation, longtemps conduite par Robert Peugeot, un centralien passionné d'automobiles qui a su donner du temps à ses deux équipes pour que l'une se structure, l'autre se reconstruise. Les gros atouts de Citroën sont l'âme ressuscitée et la confiance retrouvée. Les équipes de Jean-Pierre Ploué ont saisi la mesure, l'équilibre entre l'envie de surprendre et la volonté de séduire. A l'image d'*Airdream* et de *C-Métisse*, les concept-cars Citroën incarnent la renaissance d'une marque qui sait dorénavant puiser dans son histoire pour inventer l'avenir.

ANNIVERSAIRES

SKODA

100 ANS ? PAS SI SÛR

LANCIA

CENTENAIRE SOUS PERFUSION

SIMCA

LE RACHAT DE FORD FRANCE

ABBRICA - IT
LIANA DI AVT
MOBILI TORIN
FIAT
PEUGEOT

100 ANS

LE CLUB DES QUATRE

Ils ne sont que quatre à faire partie du club fermé des centenaires, tous issus du XIXe siècle. Ceux qui les rejoindront pour souffler leurs 100 bougies ne seront jamais ces illustres qui sont passés du rang de pionniers à celui d'industriels, de ces grands qui ont relevé le défi de résister à l'outrage du temps, de sauter du XIXe au XXIe siècle. Daimler et Peugeot sont nés en 1890. Renault et Fiat en 1898 et 1899.

Les deux premiers sont indissociables. Partis la même année, ils incarnent ces ingénieurs qui s'appuient sur la technique et un savoir-faire industriel, profitant d'une déjà longue expérience entrepreneuriale pour s'essayer au quadricycle, ancêtre de l'automobile. Mais les cheminements diffèrent : Gottlieb Daimler est un motoriste, bien aidé par une équipe où l'on compte Wilhelm Maybach et les spécialistes en électricité Robert Bosch et Karl von Siemens, qui résolvent les difficultés liées à l'allumage des nouveaux moteurs à pétrole et à quatre temps. Le souci de ces motoristes sera de trouver l'engin capable de recevoir leur mécanique, montrant que le cœur de l'automobile reste ce moteur. Armand Peugeot a une autre vision. Partant du meilleur moteur du moment, évidemment un Daimler, il travaille avec ses ingénieurs – tous spécialistes de la métallurgie et des cycles – sur le châssis. Grâce à un judicieux transfert de technologie du deux vers le quatre roues, l'automobile Peugeot se fonde sur un châssis tubulaire, à la fois léger et rigide, ce qui donne au produit des qualités qui allient le confort et la stabilité, soit le fondement des valeurs techniques françaises. Moteur contre châssis, puissance contre tenue de route, Daimler et Peugeot sont plus complémentaires que rivaux, d'autant que la voiture connaît un bien plus fort engouement en France qu'en Allemagne. Rançon de conditions exogènes, notamment d'un réseau routier français très dense et d'une population qui, au contraire des Allemands, ne pointe pas du doigt ces voitures qui soulèvent de la poussière et empoisonnent l'air de vapeurs d'huile chaude et d'essence.

Près de dix ans plus tard, soit une éternité compte tenu de la rapidité d'évolution de l'automobile, émergent Louis Renault et Giovanni Agnelli. Ce sont deux personnalités fort différentes. Le premier est le fils d'un négociant en tissus qui refuse de suivre la voie familiale, préférant se passionner pour la mécanique. Cet autodidacte invente en 1898 la prise directe, soit une solution technique qui marque un pas décisif vers la boîte de vitesses. La vente de son brevet permet de lancer sa marque, mais aussi de se faire un nom dans une profession qui compte déjà plusieurs dizaines de concurrents en France. A l'innovation, Renault ajoute la compétition, l'envie de démontrer dans les Paris-Berlin et autres Paris-Madrid la rapidité et la solidité de ses voitures. Giovanni Agnelli est officier de cavalerie, comme bien des fils de la haute bourgeoisie piémontaise. Insatisfait de sa vie, il part s'installer à Turin en 1896, ville provinciale qui vit sur sa gloire passée. Mais qu'y faire ? Il découvre en 1898 les premières automobiles de Daimler et Peugeot, et se lie avec le comte Emanuele Cacherano di Bricherasio pour chercher des partenaires prêts à investir dans la création d'un atelier de construction automobile. C'est ainsi que naît en 1899 la Fiat – Fabbrica Italiana di Automobili Torino –, propriété d'une flopée d'actionnaires. Pendant que les ingénieurs s'emploient à mettre au point les premières Fiat, avec un vrai succès, Agnelli cherche à racheter les actions acquises très souvent par des aristocrates excentriques, peu au fait du monde des affaires. Utilisant des méthodes qui le conduiront devant la justice – transactions douteuses, bilan falsifié, vente d'actions frauduleuses –, Agnelli est évincé de Fiat pour y revenir en 1909, cette fois en propriétaire autoritaire et impatient. C'est déjà un *miracle italien*.

Seuls trois de ces quatre industriels se tourneront vers la grande série, suivant l'exemple fordien. Grâce aux bénéfices de guerre engrangés entre 1914 et 1918, Agnelli et Renault construisent de nouvelles usines, différentes, mais en rien opposées. Dès 1916, Agnelli engage l'édification du Lingotto, véritable stade-usine, dont la piste d'essais est aménagée sur le toit d'un bâtiment parfaitement ovale. Renault se lance en 1924 dans l'aménagement de l'île Seguin, créant un paquebot-usine, en pleine Seine, frêlement amarré à Boulogne par deux ponts métalliques. Peugeot ne viendra au fordisme qu'en 1929, subissant le contrecoup de sa proximité géographique avec l'Allemagne pour moins bénéficier des juteux contrats de guerre. Reste Daimler, devenu en 1900 Mercedes. Gêné par les crises des années 1920 et 1930, il se spécialise dans la voiture de luxe et le poids lourd, s'écartant ainsi de ce qui aurait pu ressembler à l'unique modèle de succès industriel. Cent ans plus tard, c'est le moment des festivités. Daimler rêve de fêter ses 100 ans dès 1984, oubliant que son engin d'alors n'avait que trois roues. Les Français le lui rappellent en honorant le centenaire du dépôt de brevet de la première automobile au monde, une Delamarre-Debouteville, faite à Rouen. Peugeot tourne le dos à son centenaire : confondant passé et histoire, Jacques Calvet considère que *« 100 ans, ça fait vieux »*. Renault offrira le champagne aux visiteurs du Mondial de Paris, lançant le slogan *« moteur d'idées depuis 100 ans »*. Pour Fiat, l'occasion est trop belle de faire taire les Cassandre qui, régulièrement, annoncent la disparition de la maison de Turin. Les pionniers se portent bien.

FORD

UN SIÈCLE ET PUIS ?...

Né en 1863, Henry Ford est l'incarnation du rêve américain. Fils d'immigré irlandais, il délaisse l'école pour suivre sa voie, quittant à seize ans son village de Dearborn pour Detroit. Il multiplie les petits boulots avant d'entrer chez Westinghouse puis Edison, passant de manutentionnaire à technicien. En 1896, il bricole un quadricycle, puis fonde deux sociétés automobiles éphémères, avant de créer, le 16 juin 1903, la Ford Motor Company – FoMoCo – grâce aux subsides d'un marchand de charbon. Le succès arrive vite, lui offrant l'argent pour construire une usine, et évincer sans ménagement ses associés, laissant à Henry Ford 58,5 % de l'affaire. Une aubaine, avant la révolution de la Ford T en 1908.

On sait tout sur ce modèle rustique qui va remplacer le chariot. La *Tin Lizzie* doit son succès à un prix passant de 900 (1909) à 290 dollars (1927) grâce à des temps de fabrication qui chutent de 15 heures à 93 minutes, à une organisation, le fordisme, qui conjugue la chaîne de montage au modèle unique, le rendement des ouvriers aux 5 dollars par jour. La production et la consommation de masse sont nées, et avec elles leurs revers. Le fordisme industriel transforme le travail en routine, épuise les corps et les esprits. Le fordisme social exige des employés *« propreté, bonnes manières, tempérance et épargne »*. Les immigrés doivent *s'américaniser*, l'ensemble du personnel est encadré, loin des syndicats interdits. L'ordre fordien s'installe. *« Membre ou non du Ku Klux Klan »*, Ford s'égare en politique lors des primaires républicaines de 1916, puis se compromet en faisant de son journal une tribune antisémite dans les années 1920.

Henry règne sans partage. S'il laisse la présidence de la FoMoCo à son fils Edsel en 1919, il reste tout-puissant au moment où il tient enfin la totalité des parts de son affaire. Il refuse l'abandon de la T jusqu'en 1927. Si *Tin Lizzie* fête ses 15 millions d'exemplaires, elle est dépassée par la gamme de GM, faite de Chevrolet, Pontiac, Oldsmobile, Buick et Cadillac. Non seulement la division Lincoln (rachetée en 1922) ne marche pas, mais les usines Ford ferment six mois pour passer de la T à la A. La crise de 1929 accélère le déclin. Face à GM et Chrysler qui misent sur l'innovation, Ford ne lance le V8 qu'en 1932 et la marque Mercury en 1938. La Seconde Guerre sépare un peu plus le fondateur de l'héritier. Lorsqu'Edsel est emporté par la maladie en 1943, la FoMoCo est aux mains d'un octogénaire dont les usines travaillent avec autant de zèle pour les Alliés que pour les nazis. Henry rate définitivement sa sortie en 1945, contraint de céder la place à Henry Jr. (1917), le fils aîné d'Edsel, sans avoir préparé l'après-guerre.

Henry II s'entoure alors d'hommes neufs : il recrute ses anciens camarades de guerre, débauche des cadres de GM. C'est l'époque des *wizz-kids*, les *petits génies*, parmi lesquels émergent McNamara – futur Secrétaire à la Défense de Kennedy –, plus tard Iacocca. Avec les marchés porteurs des années glorieuses, la FoMoCo revient à son meilleur niveau, poussée par des modèles à succès comme la Falcon (1959), première *subcompact*, ou la Mustang (1964). Mais la crise des années 1970 ébranle l'édifice et lézarde une unité familiale qu'Henry II ne maintient plus que par une poigne de fer. Comme son grand-père avec la T, Henry Jr. s'accroche aux *belles Américaines* devenues des dinosaures automobiles. Il refuse de s'allier avec Honda, car *« on ne met pas un moteur japonais dans une Ford »*. La chute des ventes et des profits entraîne une valse des dirigeants, au moment même où Henry se retire (1982) et refuse le pouvoir à son frère Bill. C'est le temps des remises en cause : alliance avec Mazda et Kia, lancement de petites voitures, collaboration avec Ford Europe. La FoMoCo retrouve la santé grâce à une thérapie de choc : restructuration et fermetures d'usines, développement des activités de service, nouvelle politique du produit autour de véhicules à forte marge ; les *sport-utes* aux Etats-Unis (4x4, van, pick-up), les très hauts de gamme en Europe. Pour ce faire, Ford s'offre pour 12 milliards de dollars Aston Martin, Jaguar, Land Rover et Volvo ! En 2000, la FoMoCo semble sur le point de dépasser GM, sans retrouver sa sérénité financière, ni le succès en Europe.

Le 30 novembre 2001, Bill Jr. Ford (1957) prend les commandes de la FoMoCo. Alors qu'on attendait le fils d'Henry, Edsel Jr., la famille choisit son cousin, diplômé de Princeton et du MIT... héritier de la branche majoritaire. Bill n'a pas la tâche aisée : non seulement les comptes ont replongé dans le rouge, héritage d'un yoyo financier persistant, mais la firme doit faire face à la crise de l'après 11 Septembre qui ébranle l'automobile, ainsi qu'aux conséquences de l'affaire Explorer, un 4x4 équipé de pneus Firestone qui a coûté la vie à plus de 200 personnes. Si Bill a lancé en 2002 un plan de revitalisation draconien en termes de productivité et de fermetures d'usines, il reste populaire grâce à une image totalement décalée par rapport à celle de ses aïeux. Bouddhiste, végétarien, ceinture noire de taekwondo, Bill Jr. pousse l'originalité jusqu'à se montrer bon guitariste de folk. Comble de la différence, il négocie avec les patrons de l'UAW, le puissant syndicat de l'automobile, et discute avec les cadres de Greenpeace, s'inquiétant du réchauffement de la planète, critiquant le faible coût de l'essence aux Etats-Unis, facteur de pollution ! Un écolo un rien humaniste à la tête de FoMoCo, voilà de quoi redonner une image jeune à une dynastie centenaire. Reste à trouver le bon tempo pour sortir la FoMoCo de ses difficultés économiques et financières chroniques.

SKODA 100

SKODA

100 ANS ? PAS SI SÛR

Impossible de passer à travers l'événement. Toutes les publicités de la marque tchèque l'ont affiché haut et en couleur, tel un label qui estampille la pérennité d'une marque et la durabilité de ses produits : *« Skoda. 100 ans d'histoire automobile »*. Personne n'y pensait ! Honte donc aux historiens, à la presse, aux collectionneurs et même au monde entier de la voiture ancienne. Sauf si Skoda n'a pas 100 ans !

La marque tchèque aime remonter à 1895 pour rappeler que deux hommes, Václav Laurin et Václav Klement, se sont lancés dans la fabrication de bicyclettes. Un choix somme toute courant en cette fin du XIXe siècle, si l'on en juge les premières réalisations de Rover (1878), Peugeot (1885), Opel (1886), Austin (1895) et de tant d'autres. Mais si tous sont déjà des industriels confirmés – chacun dans une spécialité, que ce soit le cycle, l'outillage, la machine à coudre ou les tondeuses à moutons –, les deux Václav sont des novices. Le premier est un mécanicien, le second un libraire. Et lesdits vélos se nomment Slavia, fabriqués en Autriche-Hongrie, à Mladá Boleslav, petite ville située à 65 km au nord-est de Prague, berceau d'une marque Skoda inconnue puisqu'elle n'existe pas ! Restons patients.

La maison Laurin & Klement – L&M – prend un certain essor : elle passe à la motocyclette en 1899, puis à l'automobile en 1905, choisissant des produits qui glissent très vite sur les hauts de gamme et les grosses cylindrées. Mais les cadences de fabrication restent faibles, les L&M étant très concurrencées par les modèles allemands et français : on ne compterait pas plus de 600 véhicules produits entre 1905 et 1914. Si la Grande Guerre brise évidemment l'élan de l'affaire, le retour à l'économie de paix, au sein de la jeune Tchécoslovaquie, est difficile. Laurin & Klement se diversifie dans le machinisme agricole. Un feu de paille – si l'on ose dire – puisqu'un gigantesque incendie anéantit les usines de Mladá Boleslav en 1925. Acculés à la faillite, les deux Václav cèdent leur affaire à une puissante entreprise de Pilzen, spécialiste de l'armement, notamment dans la fabrication des mitrailleuses, Skodovy Zavody. C'est cette société qui entend poursuivre les automobiles, leur offrant au passage un nouveau nom, diminutif du propre patronyme de la maison : Skoda. C'est donc loin de ses créateurs, au sein d'une seconde entreprise et qui plus est, dans un nouveau pays que Skoda naît en 1925 !

Quelle mouche a donc piqué Skoda de se vieillir de vingt ans ? Certainement ses communicants, trop heureux de trouver au sein du groupe VAG une marque à l'histoire à peu près sereine ; ils ont eu envie de la loger, juste en forçant le trait et en se moquant de la rigueur historique, dans le creuset des grands pionniers. Skoda, sur la même ligne que Daimler, Peugeot, Renault ou Fiat, voilà de quoi se construire une reconnaissance. Rien de mieux pour asseoir une image de marque jusque-là sans notoriété, principalement du fait de son retrait durant un demi-siècle derrière le rideau de fer. Skoda a vécu là des années difficiles, obligée, de 1945 à 1951, à poursuivre sa production d'avant-guerre sur un marché quasi inexistant. La naissance de la 1200 (1951) puis de l'Octavia (1955) rend un peu de crédibilité à une marque très prisée pour son savoir-faire technique. Le renouveau se construit en 1964 autour de la Skoda 1000 MB – pour Mladá Boleslav –, une berline quatre portes à moteur arrière que les plans du Comecon destinent à la motorisation de l'Europe de l'Est. Le modèle montre une rare longévité malgré des améliorations mineures et des appellations renouvelées : 100, 105, 110, 120. Coup de force en 1987, Skoda parvient à lancer la Favorit, une traction avant compacte dessinée par Bertone, avec carrosserie tricorps, montrant l'extrême créativité d'ingénieurs capables de sortir de leur isolement géopolitique. Pourtant, Volkswagen, qui reprend Skoda en 1991, au nez et à la barbe de Renault, décide de faire table rase du passé, liquidant toute référence à une époque révolue depuis la chute du mur de Berlin, profitant d'un restylage pour transformer la Favorit en Felicia. Comme pour Volkswagen et Audi, VAG montre tous ses talents pour réécrire l'histoire et construire des images plus que parfaites. Cette contrefaçon serait-elle sans limite ?

VAG n'a pas osé fêter les cinquante ans de Seat, un événement dont la firme espagnole aurait eu grand besoin pour donner du contenu à une marque sans âme. Mais les mémoires sont trop fraîches pour falsifier les racines d'une société rachetée en 1986, dont la naissance colle à une histoire encore douloureuse. Filiale de Fiat, Seat est née en 1950 d'une volonté politique, celle de l'Espagne franquiste de se doter d'une industrie automobile, gage de modernité. Le projet fut conduit par Nicolás Franco, frère aîné du Caudillo, qui ne misait que sur ses alliés d'hier, l'Italie et l'Allemagne, soit Fiat et Volkswagen. Dans le seul but de contrecarrer un projet considéré comme *« inadmissible au regard du passé »*, le président de la Régie Renault, Pierre Lefaucheux, Compagnon de la Libération, mit tout en œuvre pour éviter de voir *« l'Espagne de 1953 si peu différente de celle de 1938 »*. En proposant d'alléchantes conditions d'implantation, Renault parvint à évincer VW du projet et à s'installer à Valladolid, lieu pour le moins inopportun à la construction automobile. Mais le rêve était clair, des 4 CV plutôt que des Coccinelle, et probablement ensuite des Dauphine pour concurrencer les Seat 600. Les cicatrices restent fragiles... comme les commémorations.

M.MANUCCI-S.MUNARI
HF
LANCIA - ITALIA

LANCIA

CENTENAIRE SOUS PERFUSION

Vincenzo Lancia n'est pas un ingénieur, ni même le comptable qu'il prétend être pour entrer dans les ateliers Ceirano, un fabricant de bicyclettes installé à Turin qui se lance à la fin du XIXe dans l'automobile. Autodidacte, fils d'un industriel de l'alimentaire, Lancia est un passionné de mécanique, réputé pour son coup de volant. Mais Ceirano manque d'argent au point d'être repris par Fiat dès 1899, faisant du jeune Vincenzo Lancia l'un des pilotes officiels de la jeune maison turinoise. Lancia poursuit pourtant son rêve : fonder son affaire. Il y parvient le 29 novembre 1906, rassemblant 100.000 lires grâce à ses associés, Claudio Fogolin et Fiat, dont il reste pilote jusqu'en 1908. Agnelli voit d'un bon œil le projet Lancia, une fabrique de voitures de luxe et de sport, loin des logiques fordiennes qu'il va bientôt s'imposer. Lancia joue la carte de l'innovation et de la performance autour de voitures baptisées de lettres grecques dès 1908 : Alfa, Bêta, Gamma... La promotion est évidemment basée sur la compétition et sur son patron-pilote qui s'illustre, à défaut de gagner, à la Targa Florio et au Tour de Sicile.

Après la Grande Guerre, Lancia s'oriente vers les grosses cylindrées. La Lambda (1922) est un aboutissement : dotée d'un V8 ouvert à 14°, elle propose la première monocoque, des roues avant indépendantes et des amortisseurs hydrauliques ! Les productions restent modestes, 12.530 unités en dix ans, soit loin des cadences du Lingotto. Avec la crise de 1929, Lancia s'oriente vers des voitures plus abordables, préparant l'Aprilia pour 1937, une voiture qu'il ne verra pourtant pas, décédant peu avant le lancement. L'Aprilia reste une Lancia, plus élitiste que les Fiat malgré son gabarit de 3,95 m. Elle n'a rien d'une voiture populaire : équipée d'un V4 à 14° et arbre à cames en tête, de quatre roues indépendantes et de freins arrière suspendus, elle est chère et invendable. Reprise par l'épouse du fondateur – Adela –, l'entreprise vit sous perfusion, grâce à des commandes publiques, non d'Aprilia, mais de camions et de véhicules militaires souvent motorisés par des Diesel junkers, des engins bien placés dans une Italie fasciste complice de la montée des périls.

Le miracle italien, suivi de la mise en place du Marché commun, aurait pu être, après-guerre, une aubaine. Lancia ne pouvait-il pas devenir le Mercedes italien, avec ses voitures aux mécaniques pimentées et ses carrosseries signées des couturiers Pininfarina ou Zagato ? C'est sans compter la passion dévorante du fils Lancia – Gianni – pour la compétition. De 1951 à 1955, Lancia s'épuise dans un programme qui se termine dans la désillusion de la F1, mais aussi le départ de son pilote fétiche, Alberto Ascari, et la démission de son ingénieur maison, Vittorio Jano, tous partis chez Ferrari. Ce ne sont pas les coupés Aurelia ou les berlines Appia, même dotés de merveilleux moteurs en V, qui parviennent à maintenir Lancia en vie. En 1958, Gianni vend l'affaire familiale à Carlo Pesenti, le magnat italien du ciment.

A l'heure du béton roi, du développement de l'urbanisme et des infrastructures modernes, Lancia aurait-il enfin trouvé le financier à même d'asseoir la marque ? On l'imagine, d'autant que le nouvel ingénieur, Antonio Fessia, engage Lancia dans des révolutions techniques comme la traction avant – Flavia (1960) et Fulvia (1963) –, les quatre freins à disques (1950) ou l'injection d'essence (1965), le tout sur des moteurs toujours en V, dans des carrosseries berlines, cabriolets et coupés. Lancia ouvre aussi une usine moderne grâce à la Fulvia. A l'image de ses coupés HF en tête des plus grands rallyes, on croit Lancia en pleine gloire, avec une production qui passe en dix ans de 10.000 à 40.000 unités annuelles. Une fausse progression puisque Lancia recule face à ses concurrents entrés dans la fabrication de masse, passant de 10 à 3 % du marché italien. L'automobile est un délassement pour Pesenti qui reconnaît vendre *« à des clients si fidèles qu'ils finissent pas nous ruiner »*. En 1969, le magnat du BTP cède Lancia à Fiat, maître tout-puissant de la péninsule italienne[1]. Coût de l'opération : une lire symbolique, le prix de l'humiliation.

C'est dans un groupe empêtré dans les contradictions que Lancia entame une nouvelle vie. Fiat, qui se prend pour la General Motors européenne, doit structurer cinq marques : Fiat, Lancia, Autobianchi, Ferrari et Citroën dont les Agnelli ont acquis 49 % des parts. La maison rêve d'un pool haut de gamme, laissé à Lancia et Citroën, choix que refuse Michelin, détenteur de 51 % de Citroën ! Ce *mariage à l'italienne* retarde la restructuration d'un Lancia déjà concurrencé par un éphémère haut de gamme Fiat, avec 130 et Dino ! En 1972, la première Lancia, à la mode Fiat, est présentée. C'est la Bêta. Adieu V4 et bonjour plate-forme. La logique industrielle fait son œuvre, le marketing aussi : Lancia sera *« une marque bourgeoise »*, faisant de fausses Fiat avec de vrais sièges en Alcantara, toutes des bicorps avec carrosseries sans style et aciers qui rouillent. La litanie des échecs pousse Fiat à quelques concessions, comme un tricorps pour les Delta (1980) ou les Trevi – Tre-Volumi –, toutes deux encore oubliées des designers. Dans cette stratégie suicidaire, Lancia s'accroche à son image, la compétition. Petite-fille de la Fulvia HF, fille de la Stratos, les Rallye 037 et Delta S4 offrent six couronnes mondiales à des voitures introuvables dans les showrooms d'une marque que Fiat tient à bout de bras. La résurrection d'Alfa Romeo – rachetée par Fiat en 1986[2] – est un coup dur. Lancia voit apparaître au sein du groupe son concurrent le plus direct. En offrant à Alfa le créneau de la voiture sportive, Lancia est éliminée des routes du Turini, et définitivement confinée aux sièges en Alcantara. Quel avenir existe-t-il pour ce qui tient du non-sens, une *« Fiat bourgeoise »* ? Lancia peine à imaginer son devenir, surtout avec une maison mère malade. Si le centenaire est l'occasion de ressortir les idées fortes du fondateur, les Musa et autres Phédra sont-elles pour autant des Lancia ? Les robes bicolores y suffiront-elles ? *« Cent ans de chic »* ou cent ans de flops ?

1 : BMW et Ford ont été intéressés par la reprise de Lancia.
2 : Ford est écarté au dernier moment grâce à des modifications législatives en matière de rachat d'entreprise.

685-EK75

SIMCA

LE RACHAT DE FORD FRANCE

Née en 1929, la filiale française de Ford est, depuis l'après-guerre, incapable de vendre ses Vedette sans perdre son âme et son argent. Devant les pertes abyssales laissées par les équipes de dirigeants français, la FoMoCo envoie en 1952 l'un de ses meilleurs *cost killers* – Walter Mackey – pour remettre l'affaire à flot et s'en débarrasser. C'est ainsi que l'usine de Poissy connaît les affres de la restructuration, avec baisse d'effectifs et réduction de coûts. En 1953, les comptes redeviennent présentables pour mettre la filiale en vente. Les industriels français sont méfiants. Citroën a été éconduit à la Libération, Ford jugeant ses usines de Javel mal organisées. Dix ans plus tard, la firme au chevron peut sourire : elle est en train de mettre la dernière main à sa DS, ce qui va placer la Vedette sur les étagères des musées. Peugeot reste opposé à tout contact avec un Américain qui joue ses seuls intérêts. Quant à Renault, nationalisée, l'entreprise n'est même pas consultée puisque sans actions à échanger, ni argent à proposer. Restent les petits, Panhard et Simca. Le premier est prêt à tout pour signer. Mais l'Américain ne veut pas d'une association, surtout avec Panhard, l'éternel *looser* en matière de gestion et de choix stratégiques. C'est donc avec Simca que les discussions se lancent en février 1953. Ainsi commence une vraie partie de poker menteur entre Américains et Italiens, puisque Simca est une filiale de Fiat.

Ford et Simca n'ont en commun que d'être deux étrangers en France avec l'idée de trouver un arrangement pour s'échanger Poissy. Mais si le premier en veut beaucoup d'argent, le second est prêt à payer le minimum. Simca juge l'usine peu performante, car sans emboutissage : les caisses des Vedette sont livrées par Chausson depuis Gennevilliers. La rentabilité de l'affaire est indécise à cause d'un potentiel qui ne dépasse pas les 100 à 120 voitures par jour, soit trop peu pour de la grande série. Mais Ford voit les choses autrement : il ne vend pas que l'usine à Poissy. Il propose en plus d'immenses terrains adjacents, que seuls la Seine et le projet d'une centrale nucléaire limitent à des surfaces déjà très vastes. Mais le clou de l'affaire est la livraison *clés en main* d'une nouvelle voiture étudiée à Dearborn et mise au point en Allemagne : la Versailles. Le modèle est doté d'une ligne américaine ravageuse, soulignée par des ailerons arrière *très mode* et un pare-brise panoramique du plus bel effet. Du clinquant ruisselant de chromes qui émerveille Simca, d'autant que l'intérieur respire aussi l'Amérique : une banquette avant à trois places, une habitabilité inconnue en France, et un coffre à bagages capable de dévaliser un *drugstore*. Le plumage a de quoi faire oublier le ramage. La Versailles reprend le V8 antédiluvien hérité de Matford, le pont arrière est toujours monté sur ressorts à lames, et les freins à tambours sont minuscules pour être logés dans de jolies roues de 13 pouces qui abaissent la voiture tout de même conçue autour de la monocoque.

Henri-Théodore Pigozzi, le patron de Simca, est subjugué, même si le coût de la Versailles est facturé un million de dollars. Il insiste auprès de son staff pour ne rien laisser paraître à Ford. Les discussions continuent et achoppent. « *Votre Versailles ne rapporte rien,* annonce Pigozzi, *2 % pour un haut de gamme, c'est dérisoire.* » Peut-être, répondent les Américains, mais « *nous vous offrons l'assistance technique durant un an sur cette voiture* ». Pigozzi rétorque aussitôt : « *Je ne peux vous verser un million de dollars si je reprends une entreprise qui a un trou de 8 milliards de francs, donc qui est en état de faillite.* » Durant des mois, les rencontres se multiplient entre Léon de Rosen, le bras droit de Pigozzi, et Francis Reith, l'homme dépêché par la FoMoCo en France. De l'automne 1953 au printemps 1954, tous les scenarii sont examinés. Sans solution. Pourtant, le vent tourne : de Rosen apprend qu'il y aurait à Poissy une petite voiture sur le point d'être lancée, la Merkur, un dérivé de la Taunus. Bluff ou réalité ? De Rosen l'ignore, mais comprend le risque de concurrence pour son Aronde dont le succès est incontestable depuis 1951. C'est alors la panique chez Simca. Les Américains seraient-ils en train d'abattre une carte maîtresse ? Pressé d'en finir, Reith annonce à Pigozzi les règles d'un jeu dont le maître vient de changer : « *Si la Simca ne signe pas un accord avec la Ford française, le patron suprême* [en trois mots, Henry Ford II] *investira en France toutes les sommes nécessaires pour être à même de débiter sur le marché français une voiture concurrente de l'Aronde, et ce à des prix sensiblement inférieurs.* » Plus question de tergiverser. Pigozzi appelle ses actionnaires à l'aide, Fiat et plusieurs banques suisses, pour signer au plus vite un accord. Celui-ci est annoncé le 4 juillet 1954, avec effet rétroactif au 1er janvier, comme pour gommer ces longs mois de palabres qui n'ont servi à rien. Pas question pour autant de montrer une fin de partie aussi tendue. Henri-Théodore Pigozzi sort le grand jeu. Il annonce aux patrons de Citroën, Peugeot et Renault, qu'il « *a suffi d'imprimer des actions et de les refiler aux Américains pour se débarrasser d'un concurrent étranger et de son usine* » ! Pigozzi fait mouche. Maurice Bourgès-Maunoury, ministre de l'Industrie, y va de sa plume pour lui adresser son soulagement : « *Par cet accord, vous avez libéré l'industrie française de la concurrence d'une Ford 6 CV Taunus qui aurait pu être construite en France.* » Merci Simca, grand sauveur, il y a un demi-siècle, de l'automobile française...

SPORT

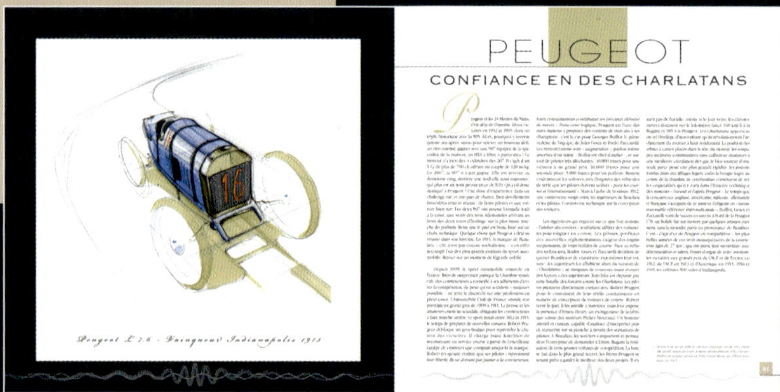

PEUGEOT

CONFIANCE EN DES CHARLATANS

Peugeot L 7.6 - Vainqueur Indianapolis 1913

MONTHLERY
NAISSANCE D'UN MYTHE

Peugeot L 7.6 - Vainqueur Indianapolis 1913

PEUGEOT

CONFIANCE EN DES CHARLATANS

Peugeot et les 24 Heures du Mans, c'est déjà de l'histoire. Deux victoires en 1992 et 1993, dont un triplé historique avec la 905. Alors, pourquoi y revenir quinze ans après, sinon pour relever un nouveau défi, un rien insensé, gagner avec une 907 équipée de la spécialité de la maison, un HDi à filtre à particules ? Le moteur n'a rien des 4 cylindres des 207. Il s'agit d'un V12 de plus de 700 ch offrant un couple de 120 m/kg. En 2007, la 907 n'a pas gagné. Elle est arrivée au deuxième rang, derrière une Audi elle aussi mazoutée, qui plus est au nom provocateur de R10. Qu'a-t-il donc manqué à Peugeot ? Une dose d'expérience dans un challenge osé, et une part de chance. Bien des éléments favorables étaient réunis : de bons pilotes et une voiture bien née. Les deux 907 ont poussé l'armada Audi à la casse, une seule des trois Allemandes arrivant au bout des deux tours d'horloge, sur la plus haute marche du podium. Reste que le pari est beau, basé sur un choix technique. Quelque chose que Peugeot a déjà su réussir dans son histoire. En 1913, la marque de Beaulieu - elle n'est pas encore sochalienne - a en effet accompli l'un des plus grands exploits du sport automobile. Retour sur un moment de légende oublié.

Depuis 1909, le sport automobile somnole en France. Rien de surprenant puisque la Chambre syndicale des constructeurs a conseillé à ses adhérents d'éviter la compétition, de peur qu'un accident - toujours possible - ne jette le discrédit sur une profession en plein essor. L'Automobile Club de France annule son prestigieux grand prix de 1909 à 1911. La presse et les amateurs crient au scandale, obligeant les constructeurs à faire marche arrière. Le sport renaît entre 1912 et 1913, le temps de préparer de nouvelles voitures. Robert Peugeot débloque un gros budget pour reprendre le chemin des victoires. Il charge Isaac Kœchlin de reconstruire un service course à partir de l'excellente équipe de coureurs que comptait jusque-là la marque. Robert n'a qu'une crainte, que ses pilotes *« reprennent leur liberté. Ils ne doivent pas passer à la concurrence, leurs connaissances constituant un précieux élément de succès »*. Dans cette logique, Peugeot est l'une des rares maisons à proposer des contrats de trois ans à ses champions : c'est le cas pour Georges Boillot, le pilote vedette de l'équipe, de Jules Goux et Paolo Zuccarelli. Les rémunérations sont *« augmentées »*, parfois même assorties d'un statut - Boillot est chef d'atelier -, et surtout de primes très alléchantes : 30.000 francs pour une victoire à un grand prix, 10.000 francs pour une seconde place, 5.000 francs pour un podium. Restent évidemment les voitures, très éloignées des véhicules de série que les pilotes doivent utiliser *« pour les courses et l'entraînement »*. Mais à l'aube de la saison 1912, une controverse surgit entre les ingénieurs de Beaulieu et les pilotes. Controverse technique sur la conception des voitures.

Les ingénieurs qui règnent sur ce que l'on nomme *« l'atelier des sorciers »* souhaitent affûter des voiturettes pour s'aligner en course. Les pilotes, profitant des nouvelles réglementations, exigent des engins surpuissants, de vrais bolides de course. Face au refus des techniciens, Boillot, Goux et Zuccarelli décident de quitter Beaulieu et de construire eux-mêmes leur voiture : les ingénieurs les affublent alors du surnom de *« Charlatans »*, se moquant de coureurs osant donner des leçons à des ingénieurs. Kœchlin est dépassé par cette bataille des *Sorciers* contre les *Charlatans*. Les pilotes prennent directement contact avec Robert Peugeot pour le convaincre de leur réelle connaissance en matière de conception de voitures de course. Robert tente le pari. Il les installe à Suresnes, mais leur impose la présence d'Ernest Henry, un ex-ingénieur de la fabrique suisse des moteurs Picker-Moccand. Un homme attentif et curieux, capable d'analyser, d'interpréter puis de transcrire sur sa planche à dessin des sensations de pilotes. A Beaulieu, les sorciers s'inquiètent et persuadent l'entreprise de demander à Ettore Bugatti la réalisation de trois grosses voitures de compétition. La lutte se fait dans le plus grand secret, les frères Peugeot se tenant prêts à garder le meilleur des deux projets. Il n'y aura pas de bataille, même si le jour venu, les chronomètres donnent sur le kilomètre lancé 160 km/h à la Bugatti et 185 à la Peugeot. Les *Charlatans* apportent un tel florilège d'innovations qu'ils révolutionnent l'architecture du moteur à haut rendement. La position des arbres à cames placés dans la tête du moteur, les soupapes inclinées commandées sans culbuteur destinées à une meilleure circulation des gaz, le bloc-moteur d'une seule pièce pour une plus grande rigidité, les pistons fondus dans des alliages légers, enfin la bougie logée au centre de la chambre de combustion constituent de telles originalités qu'il y aura dans l'histoire technique des moteurs *« l'avant et l'après Peugeot »*. Le temps que la concurrence anglaise, américaine, italienne, allemande et française s'accapare de ce moteur, l'érigeant en *« incontournable référence internationale »*, Boillot, Goux et Zuccarelli vont de succès en succès à bord de la Peugeot L76, un bolide fait sur mesure par quelques artisans parisiens, sans la moindre pièce en provenance de Beaulieu. C'est *« l'âge d'or de Peugeot en compétition »*, les plus belles années de ces trois mousquetaires de la course, tous âgés de 27 ans[1], qui ont porté leur savoir-faire avec détermination et talent. Points d'orgue de cette aventure, les victoires aux grands prix de l'ACF et de France en 1912, de l'ACF en 1913 et d'Amérique en 1913, 1916 et 1919, les célèbres 500 miles d'Indianapolis.

1 : Ils sont tous nés en 1885 et ont donc vingt-sept ans en 1912. Paolo Zuccarelli meurt au cours d'essais automobiles en 1913, Georges Boillot en combat aérien en 1916, Ernest Henry en 1950 et Jules Goux en 1965.

MONTLHERY
MONTLHERY
TALBOT

MONTHLERY

NAISSANCE D'UN MYTHE

L'autodrome de Montlhéry est né en 1925. Une construction autant due à la passion du sport automobile qu'à l'envie de coller à l'émergence de l'industrie automobile. L'idée est celle d'un homme, Alexandre Lamblin, un industriel spécialisé dans la fabrication des radiateurs pour moteurs d'avion, homme d'influence puisque patron de presse et directeur du journal *L'Aéro-Sports*... celui que les titis parisiens détournaient volontiers en *Apéro-Sport*. Lamblin devient mécène, convaincu dès le début des années 1920 qu'il faut doter Paris et sa région d'un circuit automobile permanent, à l'image de ce que les Anglais, Américains et Italiens possèdent à Broocklands (1906), Indianapolis (1908) et Monza (1910). Et si les Français se targuent de posséder la piste marseillaise de Miramas – construite en 1923 par l'entrepreneur Bablot –, ils n'ont qu'une piste plate. Or Lamblin rêve d'un Indianapolis français, d'une sorte de vélodrome pour deux ou quatre roues motorisées, un grand complexe de sports mécaniques capable d'attirer les foules parisiennes passionnées de vitesse.

Alexandre Lamblin acquiert les 650 hectares du domaine de Sainte-Europe, aux abords des villes de Montlhéry et de Linas. Bien au fait des constructions modernes en matière de béton précontraint et de ciment, il engage l'ingénieur Raymond Jamin. La réalisation de l'autodrome est à peine imaginable : quatre mois de travaux au cours de l'année 1924 ! Montlhéry est construit à l'image de l'automobile, avec des éléments préfabriqués – quasiment de série – qui permettent d'associer des structures préformées et des dalles prêtes à l'emploi. Un tour de force technique, mais également humain, puisque Jamin mobilise 2.000 ouvriers capables de travailler en deux équipes. Une route de 4,5 km est construite pour acheminer sur place les quelque 26.000 tonnes de matériaux, dont 1.000 d'acier et 8.000 m³ de béton pour la seule piste. Celle-ci offre des dimensions stupéfiantes : 18 m de largeur, 2.548 m de long, et bien sûr deux virages de 250 m de rayon dotés d'une pente de 48° – soit un aplomb de plus de 10 m au-dessus du sol –, tous deux reliés à deux lignes droites de 250 m. La piste est capable d'accueillir des voitures roulant à des vitesses de l'ordre de 230 à 240 km/h, soit une marge de sécurité considérable puisqu'il est convenu dans le monde automobile que la *« vitesse limite »* est 200 km/h. L'autodrome est inauguré le 4 octobre 1924. D'emblée, la piste se révèle si rapide que les aficionados de la vitesse s'y ruent : une Delage atteint en 1925 la vitesse – non prévue – de 219 km/h, record qui tiendra jusqu'à 1939, lorsque Raymond Sommer affolera le chronomètre et les responsables du circuit en dépassant les 238 km/h !

L'utilisation du circuit est immédiatement source de polémiques. Si Lamblin a rêvé de courses spectaculaires à l'américaine, sur l'ovale, les spectateurs français n'y trouvent guère d'intérêt, d'autant que les 25 km qui séparent Montlhéry de Paris sont bien longs à une époque où la voiture particulière est rare et les transports collectifs inexistants. Quant aux industriels, dont Lamblin a espéré la venue régulière pour y accumuler des essais, tous répondent en chœur qu'un ovale ne permet pas d'évaluer les réelles caractéristiques mécaniques et dynamiques d'une voiture.

Lamblin passe au *Plan 2* : la construction d'un circuit routier de 12,5 km débouchant sur l'autodrome et s'appuyant sur un seul des deux virages relevés. Le projet est d'autant plus important que l'Automobile Club de France, détenteur du grand prix du même nom, a promis à Lamblin d'y organiser sa course sous condition de la réalisation d'une piste complète. Tout est donc prêt pour celui-ci qui, trois mois après l'inauguration de l'anneau, lance le second chantier. Il fait tracer une piste de 11 km – large de 10 m – à travers une forêt épaisse et bosselée. Un travail de titan mené à la vitesse de Montlhéry.

En 6 mois, Lamblin fait dessoucher 80.000 arbres, terrasser 220.000 m³ de terre, construire 15 km de clôture, dresser des tribunes pour le public et la presse, soit plus de 10.000 places couvertes ! Le circuit est intéressant, car ajoutant aux virages lents et rapides de longues lignes droites coupées d'épingles sur un relief qui ôte toute monotonie au pilotage. Le 26 juillet 1925, le drapeau de l'ACF lance les bolides pour le premier grand prix à Montlhéry. La fête n'a plus qu'à commencer. Mais elle va être endeuillée par une tragédie, la mort du grand Ascari et le retrait des Alfa Romeo. Abandonné par l'ACF qui souhaite une participation tournante des circuits français[1], Montlhéry cherche alors des activités. L'entreprise gestionnaire – la société *L'Autodrome* – est mise en faillite le 13 janvier 1928. Constructeurs, pétroliers et équipementiers tiennent alors à bout de bras le circuit. Mais ce ne sont ni les essais de la 201 Peugeot en 1930, ni les exploits des Rosalie Citroën en 1933 qui remplissent les caisses de *L'Autodrome*. En 1939, Lamblin est acculé à vendre son patrimoine, en l'occurrence son domaine foncier, 750 ha qui sont rachetés par le ministère de la Guerre. Ce n'est qu'en 1946 que Montlhéry trouve pour la première fois une certaine quiétude lorsque la Chambre syndicale des constructeurs d'automobiles s'engage avec les pouvoirs publics pour que l'UTAC – l'Union Technique de l'Automobile du Motocycle et Cycle, le chantre de la conformité automobile et des homologations – s'installe dans l'enceinte du circuit. De quoi entretenir l'autodrome et sa piste routière, leur offrir une vie bien en rapport avec le monde industriel... et même reprendre l'organisation de courses, notamment les 1.000 km de Paris, seule grande compétition internationale proposée si près de la capitale. Le mythe de Montlhéry prend alors toute sa dimension.

1 : Le grand prix de l'ACF reviendra à Montlhéry en 1933, 1934 et 1935.

HIER & AUJOURD'HUI

SEGUIN
L'ÎLE-USINE

PEUGEOT
ET SI CONFUCIUS AVAIT RAISON ?

RUSSIE
MOSCOU-BILLANCOURT-MOSCOU

BIG THREE

LE DÉCLIN DE L'EMPIRE AMÉRICAIN

Il ne s'agit pas cette fois de cinéma, du remake du film de Denys Arcand, mais bien d'automobile. Depuis le triomphe de la Ford T en 1908, les Etats-Unis occupent le premier rang mondial de l'automobile, avec, depuis la guerre, une domination écrasante des *Big Three*, General Motors, Ford et Chrysler. A l'aube du XXIe siècle, la situation est en train de se renverser. Ne parlons plus des *Big Three* puisqu'ils ne sont plus que deux depuis la prise de contrôle de Chrysler par Daimler en 1997. Si les *Big Two* voient Toyota s'approprier lentement le premier rang mondial, ils accumulent les revers commerciaux et subissent une tempête financière sans égale : 56,5 milliards de dollars pour GM en 2007. Du jamais vu ! En 2005, on évoquait déjà des pertes abyssales qui n'étaient que de 8,6 milliards. GM perdait alors 1.227 dollars par voiture contre 129 à Ford, pendant que Nissan, Toyota et Honda gagnaient 1.800 à 1.200 dollars !

Les plans sociaux se suivent : entre fin 2005 et début 2006, GM et Ford ont supprimé chacun 30.000 emplois et fermé 26 usines. C'est un Pearl Harbor social. Que dire, dans ce contexte, de la bataille des chiffres de production ? Elle est hallucinante : 9,31 millions de voitures pour GM contre 9,51 pour Toyota, ce qui revient à deux systèmes face-à-face, celui à faire des pertes, l'autre à engranger des marges. C'est le déclin absolu du système et de la voiture américaine. Devant l'arrivée des Japonais, les *Big Three* se sont rués sur les SUV, de lourds 4x4 et autres pick-up, longtemps vendus avec de gros bénéfices. Ils ont négligé les véhicules particuliers, empilant les marques les unes sur les autres – 13 pour GM – sans un plan produit global, ni une politique de plates-formes pourtant indispensable à la gestion d'une telle diversité. Puis vint l'effritement des ventes de SUV, d'abord dû à la concurrence asiatique, ensuite au reflux des acheteurs, lassés par le coût de l'essence et tentés par la dernière mode, la voiture hybride, chasse gardée des Japonais. Bref, le rêve américain a vécu.

Pourtant, il y a à peine quarante ans, l'automobile américaine était au zénith. Avec des certitudes parfaitement ancrées. Alors que l'Europe aime ses Porsche et ses Alpine, la voiture reine est là-bas la Mustang, modèle de ce que l'Amérique croit être une sportive, au point de voir apparaître les Cougar, Camaro et Barracuda. Bataille entre *Big Three* pour qui la lutte se résume à une course à la cylindrée. Comme sur les pistes de compétition. Ford rêve, à cette époque, de gagner les 24 Heures du Mans, comme on s'offre une pièce manquant à une collection. L'épreuve est aussi réputée qu'Indianapolis. Face au refus d'Enzo Ferrari de lui vendre son affaire, il fait préparer la GT 40. Le cœur de cette voiture est un V8 de 7 L, développant 380 ch, dérivé d'un moteur de série avec une banale distribution à tiges, poussoirs et culbuteurs. Deux ans d'échec avant de faire débarquer en 1966 une armada de huit GT 40 Mk II. Pour s'y opposer, Ferrari engage trois pur-sang, des 330 P3 dotées de V12 de 4 L à quatre arbres à cames en tête avec injection indirecte d'essence. Des moteurs de 420 ch, soit un rendement de 105 ch au litre contre 60 aux mécaniques américaines ! Mais cet argument n'a aucun sens pour Henry Ford : *« Mes moteurs me coûtent 1.000 dollars, soit 2,5 dollars le cheval. Si Ferrari paye plus de 10 dollars le cheval, c'est qu'il ne sait pas compter. »* Le verdict est cinglant : Ford gagne ses premières 24 Heures du Mans, plaçant trois Mk II sur le podium ! Une démonstration qui permet d'apposer sur les vitres des Taunus et Cortina l'étiquette flatteuse : *« vainqueur aux 24 Heures du Mans »*. Ford donne du rêve, et fait gagner l'Amérique...

Il en va de même, toujours en 1966, quand s'ouvre la bataille de la sécurité. Comment en parler après avoir vanté les 300 km/h atteints sur les Hunaudières ? Comment être pris au sérieux lorsque l'on vient de verser 100.000 livres à Cosworth pour voir son nom sur les prochains V8 DFV qui feront croire en Europe que Ford domine la F1 ? *« La compétition est l'un des meilleurs champs d'expérimentation de la sécurité »* répond la FoMoCo. La réplique n'est pas anodine : elle fait écho au livre ravageur de Ralph Nader, *Unsafe at any speed*[1], qui accuse la dangerosité de certaines voitures américaines. *« Rouler vite en course, mais en toute sécurité sur les routes »* devient le slogan de marques plus unies que jamais dans cette nouvelle croisade. Elles prennent le *mouvement sécuritaire* à bras le corps, en sortant des bureaux d'études des projets prêts depuis longtemps, dévoilant avant l'heure des *modèles 1967* dotés de colonnes de direction télescopiques, de freins à disques (souvent en option), de garnitures de tambour plus larges, de doubles circuits de freinage, de feux de détresse. Et pour allier confort, sécurité et vitesse sur *highways*, GM propose en 1966 le *Cruise Master*, un limiteur de vitesse débrayable à la moindre sollicitation de la pédale de frein. Les *Big Three* savent retenir leur clientèle, sans pour autant remettre en cause des voitures qui deviennent des dinosaures.

Car elle se croit moderne, l'Amérique. En 1966 encore, Cadillac annonce le lancement imminent de la première traction avant *made in USA*, trente ans après Citroën. L'Eldorado est un coupé flirtant avec les 5 m et pesant 2 t, mû par un V8 de 7 L de 345 ch. Le même rêve, mille fois revisité. C'est bien ce déficit d'idées, cette incapacité à donner de l'émotion à des clients lassés, que payent maintenant General Motors et Ford. Les deux groupes sont devenus des suiveurs face à des industriels plus inventifs qu'eux. A quand le slogan *« America is back »*... mais avec du design et plus que jamais de la personnalité et de l'audace, élément clé dans un pays qui doute et dont l'industrie automobile a bien mal négocié, depuis plus de vingt ans, tous les virages du changement ? Le mal n'est pas incurable même s'il est très ancien : il s'appelle *cristallisation technique*.

1 : Le livre, publié aux USA en 1966, est traduit en français sous le titre Ces voitures qui tuent.

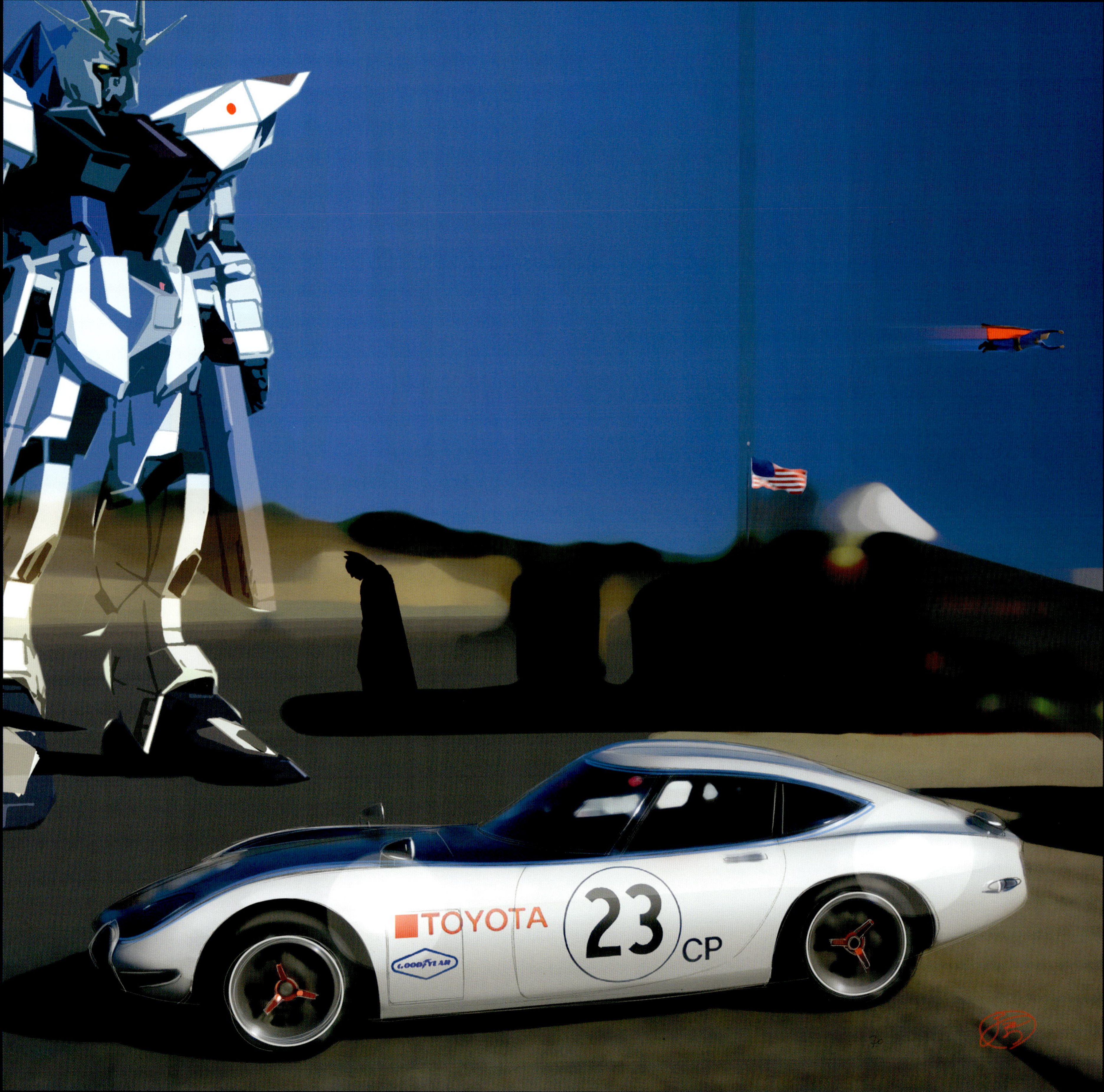
TOYOTA
23
CP
GOODYEAR

TOYOTA

QUAND L'ÉLÈVE RATTRAPE LE MAÎTRE

Acte 1. En 2003, Toyota a ravi le deuxième rang mondial des constructeurs à Ford, le père de l'industrie automobile. Alors que le trio des *Big Three* est mort après les malheurs de Chrysler, on croyait le tandem GM et Ford indétrônable. Qui pouvait dépasser ces deux groupes qui, depuis 1910, règnent sur la planète automobile ? Dans une logique toute nippone, l'événement s'est déroulé dans le calme, presque avec les excuses de Toyota. Les dirigeants japonais ont aussitôt fait remarquer que Ford n'avait pas comptabilisé dans sa production les résultats de Mazda (filiale Ford à 33 %), alors qu'eux-mêmes avaient bien ajouté Hino et Daihatsu. Beau joueur ce Toyota qui, en 2003, a augmenté sa production de 7,8 % quand Ford la baissait de 3,6 %.

Acte 2. Le 28 août 2007, Toyota fête son 70e anniversaire. En guise de cadeau, trois résultats : un bénéfice historique de 14 milliards d'euros, soit 20 % de mieux que l'an passé, une production 2008 de 9,5 millions de véhicules, et pour couronner le tout, la première place des constructeurs devant une GM qui s'effondre. Pas de contestation cette fois. Si Toyota a bien compté Lexus, Scion, Daihatsu et Hino, General Motors n'a rien oublié de Chevrolet, Buick, Cadillac, Opel, Saab et GMC. Cette fois, c'est le patron de GM, Rick Wagoner, qui est le premier à dégainer : *« Ce n'est pas un bon jour. Mais, j'ai déjà perdu des matches de basket dans ma jeunesse. La leçon que j'en ai tirée est qu'avec une défaite, on se prépare mieux pour prendre sa revanche le match suivant. »*

Ce coup de force aux Etats-Unis est exceptionnel. Autour de huit usines nord-américaines, Toyota offre une gamme de 21 modèles allant de 11.000 à 56.000 dollars, avec des produits phares : la Corolla plus américaine que japonaise, le Tacoma qui a détrôné les pick-up de cow-boys, le RAV4, premier 4x4 à avoir tué la poule aux œufs d'or de Detroit. Sans compter la Prius, vendue 22.000 dollars et à perte, qui parvient à faire croire au monde entier que la voiture verte existe puisque les coûts induits ne sont jamais évoqués. Cette fois, dans une stratégie devenue mondiale, il s'agit de séduire la récalcitrante Europe où une flopée d'industriels savent faire des voitures. De vraies voitures, non aseptisées et charmeuses, avec des moteurs performants, des tenues de route époustouflantes. Bref, de la technologie sur roues. Alors, le marché européen vaut bien quelques efforts, une belle usine en France qui masque toutes celles en construction dans l'ex-Europe de l'Est détruisant les emplois occidentaux, une gamme moins fade avec en figure de proue l'emblématique Prius que ne font justement pas les Européens. Et quitte à jouer les belles marques, autant s'offrir une image sportive et jouer dans la cour des grands, celle des Ferrari (Fiat), McLaren (Mercedes), Renault ou BMW. Toyota s'est offert en 2002 une écurie de F1 avec le deuxième budget du plateau, 400 millions de dollars par an. Vu la largesse des bénéfices, cette danseuse est une goutte d'eau. Qu'importe de rester au fond des grilles, l'important est de participer et d'être vu, car chaque image est une seconde de publicité grappillée.

Quel est donc le secret de Toyota, cette ancienne fabrique textile du XIXe siècle qui a changé son nom Toyoda en Toyota, justement en passant à l'automobile, abandonnant un patronyme riche en symboles – *rizière féconde* – pour un autre qui ne veut rien dire ? *« Pour s'adapter, le changement le plus personnel est à la base de la réussite »* inculque Sakichi Toyoda à son fils Kiichiro. Parti visiter les usines Ford avant la guerre, Kiichiro commence ses premières voitures quand débute le conflit, passant vite aux camions. En 1945, il comprend que Toyota Motor Co n'a pas les meilleurs atouts : l'économie est ravagée, le marché minuscule, la main-d'œuvre très organisée pour refuser d'être licenciée et interchangeable comme une pièce détachée. Il n'y aura pas de Trente Glorieuses au pays du soleil levant, époque qui voit la réussite mondiale du fordisme et de la voiture de masse. Toyota s'adapte à une économie nationale difficile, inventant son propre système productif, parfaite antithèse du gâchis occidental, le *mûda*. Seule chance, Toyota s'organise en vase clos, bien protégée dans un Japon privé d'importations automobiles.

Le système Toyota naît d'une addition de contraintes, puis de la mise en lumière des résultats : *« Il n'y a pas de problèmes, seulement des solutions. »* Tout un état d'esprit. Le système est le fruit de la réflexion d'un ingénieur, Taiichi Ohno, père de l'ohnisme ou toyotisme. Dans un pays sans moyens, il n'est pas question d'avoir des stocks. Trop coûteux. Autant faire comme dans les supermarchés américains, réapprovisionner au fil des achats, mais seulement quand les gondoles sont vides, c'est le *kanban*. Les ateliers seront donc livrés en *juste à temps*. Autre contrainte d'une économie pauvre, se contenter d'un minimum d'outils. La plupart sont récupérés des Etats-Unis, mais modifiés pour faire différentes pièces. Il est impensable au Japon de dédier une machine à un seul capot. Un changement de matrice se fait en quelques minutes, permettant à Toyota d'inventer la flexibilité. Quant à la main-d'œuvre, elle s'est imposée après de longues luttes en 1949-50, puis 1962. Elle a conquis le travail à vie, bâti la confiance réciproque patronat-syndicat qui lui offre la possibilité de donner son avis sur son travail et d'apporter des éléments d'amélioration permanente, le *kaizen*, qui ajouté à un sens de l'honneur et de la responsabilité, est la clé d'une qualité chaque jour améliorée. En se construisant dans la contrainte, Toyota propose des produits à l'image des conditions du pays, des engins incassables. Longtemps, Toyota vend des propulsions dotées de ponts arrière et de freins à tambour au moment où l'Europe généralise la traction avant. Mais le salut passerait-il aussi par là ? La rusticité ne tombe jamais en panne, à la grande joie du client. Le produit évolue à dose homéopathique, *kaizen* oblige. Il parvient par touches successives à s'approcher des standards de la voiture moderne. Simplement et lentement.

RENAULT
NEGRONI 08.

SEGUIN

L'ÎLE-USINE

Pas le temps le matin, quand le soleil est levé, d'admirer cette île noyée dans les brumes de l'aube. Juste un coup d'œil sur ce paquebot géant hérissé de cheminées. Il faut faire vite pour être à son poste dès 6h30, l'heure du démarrage des chaînes de la première équipe. L'île est tellement immense qu'une demi-heure est nécessaire pour gagner, depuis le métro de Billancourt via le pont Daydé, la pointe aval ou le cinquième étage. Juste le temps de passer au vestiaire où s'alignent de longs casiers étroits pour enfiler sa blouse ou endosser son bleu. On file dans Seguin, sans prendre le temps de regarder ce paysage usinier. La routine de la chaîne fixe les hommes à leur lieu, les attache à un poste qui devient leur horizon. Seuls les professionnels circulent d'atelier en atelier, le plus souvent à vélo. Les seigneurs sont à la pointe aval, dans la centrale électrique. Ce sont pour la plupart des professionnels qui ne se mêlent pas aux ouvriers de chaîne. Ils règnent sur l'île tels les commandants d'un navire. Face à leurs immenses pupitres de contrôle, tapissés de cadrans à aiguilles et de lampes témoins, ils délivrent l'énergie à chacun des ateliers. L'usine est dans leurs mains, derrière les énormes chaudières qui les séparent de la partie proprement de montage.

Celle-ci semble former une ligne continue grâce aux hautes verrières qui courent tout au long de l'île, presque d'une pointe à l'autre. En fait, le lieu est compartimenté au point que personne ne pénètre l'univers de l'autre : emboutissage, ferrage, montage, peinture, sellerie constituent tous des mondes clos. Chacun chez soi, souvent en famille. L'atelier s'inscrit dans une communauté, parfois une nationalité. La peinture, l'un des lieux les plus durs, est la terre des Marocains. Ils sont masqués, encagoulés, cachés dans des combinaisons pour travailler dans des conditions extrêmes : la peinture du volume arrière de la R4 fourgonnette est telle qu'elle oblige les peintres à revêtir un scaphandre relié à l'air libre par un tuyau ! L'habillage des caisses est le royaume des Sénégalais et des Espagnols. Ils travaillent en souplesse, capables de remonter la ligne pour gagner du temps ou de maintenir la cadence de la chaîne. Les Algériens sont au ferrage, habiles et solidaires dans un métier où la pince à souder use les bras autant qu'elle brûle les mains. Les presses qui ébranlent le sol et les corps, au-delà du claquement sec et froid de la matrice sur la tôle, sont peuplées de Français et d'Algériens, héritage d'une vieille tradition métallurgique pour les uns, des premiers mouvements d'immigration pour les autres. Quant aux Tunisiens, ils sont arrivés quand Renault cherchait des caristes. Tous sont épaulés par des collègues portugais, maliens, turcs ou yougoslaves, près d'une trentaine de nationalités qui peinent à se mélanger dans un univers si cloisonné et parlent un langage fait du vocabulaire de tous.

Les moments d'union existent pourtant. D'abord dans la fierté d'être un homme de l'île. Ensuite, dans cette mémoire des conflits qui marque le temps et les souvenirs, dans cet instant d'unité qui change le rapport de force et crée des réseaux discrets. Enfin dans les appartenances syndicales où la couleur des cartes soude les communautés. Mais il y a surtout les instants de vie qui jalonnent le quotidien. Les pauses, instants sacrés, réunissent tous les hommes d'un atelier, le temps de fumer une cigarette, d'avaler un *kawa* brûlant ou un thé à la menthe, fait avec celle de Mekhnès que l'on achète, toute fraîche, sous l'escalier de la sellerie. Les petits commerces, si discrets qu'ils sont invisibles des non-initiés, sont légion dans l'île. Ils sont tous tolérés par une direction qui ferme les yeux, consciente ici de permettre l'interdit d'ailleurs, de compenser à Seguin des conditions si dures. On peut presque faire son marché sur l'île, acheter des piles ou des cassettes, des fruits ou des cigarettes, des habits et de l'artisanat. Il y a même des services : un coiffeur, un resto sur le pouce, un libraire, des écrivains publics. Le temps des pauses rythme les heures d'ouverture de ces boutiquiers éphémères qui ferment leurs échoppes en claquant une armoire ou poussant un tiroir. Tous redeviennent ouvriers dès que les convoyeurs redémarrent. L'arrêt du déjeuner est évidemment plus long, même si le passage à deux équipes a fait disparaître *« l'heure de midi »*. Un peu moins de trois quarts d'heure qui commencent par l'apéro. Un jus de fruit ou un pastaga dans un Duralex dont la double ligne marque la dose. Ensuite, c'est souvent la gamelle, rarement le resto. Il y en a pourtant trois dans ce paquebot sans étoile : celui d'en bas, dans l'ancien chromage, et les deux en encorbellement qui dominent Paris à l'est et Boulogne au nord.

Sur les lignes, l'ambiance est là, souvent musicale avec ses sonorités cacophoniques, ses tempos qui mêlent sans concession Bob Marley à Oum Kalthoum. La thérapie à la chaîne est toujours la même, le bruit contre le bruit, le rythme contre le rythme. La fin de journée voit s'accélérer l'allure : il faut gagner du temps pour éviter la cohue de la sortie, dépasser à cet instant le chronomètre. Retour au vestiaire pour retirer le bleu et faire un brin de toilette dans ces larges vasques rondes qui séparent les longs casiers étroits et les douches rectangulaires. La cadence n'a pas encore cessé. Vient enfin la fuite, vaste mouvement qui démarre dès les huit heures égrenées, ou une fois le travail achevé. L'île Seguin libère en un instant l'équipe de jour après avoir avalé celle de la nuit. Direction Place nationale pour sauter dans le métro, pour courir vers les grilles du Trapèze où attendent des cohortes de bus dont les moteurs ronflent déjà, prêts à descendre la Seine en direction des Yvelines et des cités Renault. Ce lieu est immortel.

504 YO 08

PEUGEOT

ET SI CONFUCIUS AVAIT RAISON ?

Peugeot a toujours cru en l'avenir de la Chine, au point d'y envoyer dès 1979 ses premières missions exploratoires. En novembre 1984, Jacques Calvet signe deux contrats qui lancent l'aventure de la marque dans ce pays. Le premier permet la création d'une société mixte franco-chinoise, la Guangzhou Peugeot Automobile Company – GPAC –, avec comme partenaire la municipalité de Canton. Celle-ci réserve à Peugeot une ancienne usine d'autobus, à l'est de la ville, le long de la Rivière des perles. Une usine *à la chinoise*, c'est-à-dire traditionnelle, avec sa crèche, ses logements ouvriers, son école, ses terrains agricoles et son élevage de porcs ! Peugeot prévoit d'assembler son modèle phare de la *grande exportation*, la 504, en versions break et pick-up, un produit immortel et surtout inusable. L'objectif n'est pas mince : 15.000 voitures annuelles, toutes faites sous licence. Le second projet est conjoncturel : empêtré dans l'affaire Talbot, Peugeot doit placer des Horizon, surtout lorsque la Syrie annule sans raison une commande de 3.500 voitures. China Orient Leasing obtient à vil prix de quoi moderniser sa flotte de taxis. En avril 1985, grâce à l'aide des banques françaises, les contrats sont signés, avec quelques modifications : la 504 sera rapidement épaulée, puis remplacée par la 505, et les 3.500 Horizon seront complétées par 600 berlines 505. Pour gagner du temps, les premières 504 pick-up sont envoyées montées en décembre 1985, le temps de lancer le CKD – véhicules en éléments démontés – puis d'envisager le montage local avec des taux d'intégration importants. Sur place, c'est l'euphorie : *« Avec la 505, il faudra tabler sur 150.000 voitures annuelles. Avec Citroën, Peugeot sera en l'an 2000 l'un des deux grands constructeurs en Chine, avec 20 % du marché. »*

Dans un pays où le temps s'égrène différemment qu'ailleurs, le projet prend du retard. Les cadences sont d'une lenteur déconcertante, incapables d'aller au-delà de 13 voitures par jour. En 1987, Peugeot fait ses comptes : 2.800 dérivés 505 produits. Une misère. La marque mesure vite ses handicaps : d'abord, les autorisations d'importation de CKD arrivent au compte-gouttes, 4.700 par an alors qu'il en faut 7.000 pour nourrir l'usine. Ensuite, les montages financiers restent fragiles au regard d'une administration tatillonne et incompétente. Enfin, il y a le produit. La 505 n'est pas aussi flamboyante que prévu, au point d'imaginer des modèles spécifiques comme un pick-up quatre portes aux airs de SUV avant l'heure. Le coup de froid politique de 1989 inquiète, notamment avec une surtaxation des prix de vente de 40 %. Plus tard, la reculade du gouvernement chinois en matière de programme automobile est catastrophique : il est impossible d'honorer le contrat de 1985. Avec 30 voitures par jour, l'opération est condamnée. L'usine de Canton est fermée unilatéralement par Peugeot en avril 1990, *« faute d'accord avec les autorités chinoises sur les prix »*. Un gros risque dans un pays où la discussion prime sur le coup d'éclat. Le face-à-face dure trois mois : le temps de retourner à la table des négociations, d'imaginer un nouveau départ et d'écouter de nouvelles promesses, 10.000 voitures d'ici 1992, 25.000 en 1995. Et il y a bien des raisons d'espérer. Avec 25.200 voitures montées en 1993 – soit 90 véhicules par jour –, Peugeot est capable d'exporter ses 505 chinoises sur des marchés captifs comme l'Arabie, l'Egypte et l'Algérie, ainsi que des pièces détachées ô combien lucratives. Un miracle qui cache des conditions d'exploitation locales intenables : manque constant de puissance électrique, approvisionnements irréguliers, sous-effectifs permanents et formation catastrophique du management chinois. Que fait donc Peugeot en Chine ? Yves Gallant, ministre délégué au Commerce extérieur, lâche en 1997 un jugement sans fard : *« Canton n'est probablement pas l'avenir de Peugeot. »* Un point de vue que partage Jacques Calvet depuis 1994, lorsque les facturations chinoises n'arrivent plus en France. Le rêve chinois s'effondre, entraînant l'abandon de la *phase 3* du projet, soit le montage des berlines 405 qui aurait peut-être changé le cours de l'histoire.

Bien des constructeurs auraient tiré un trait sur leurs ambitions après une telle mésaventure. Peugeot, au contraire, apprend de son échec, reprenant l'une des pensées de Confucius : *« L'expérience n'est que la lanterne qu'on porte dans le dos et qui ne sert qu'à éclairer le chemin parcouru. »* Il faut comprendre les erreurs de la GPAC, les analyser pour ne plus les répéter. Peugeot y parvient d'autant plus qu'il analyse la stratégie différente mise en œuvre par Citroën pour s'implanter en Chine. De 1992 à 1996, la seconde marque de PSA construit des usines à Wuhan et Xiang Fan, soit un outil très intégré et performant, la Dongfeng Citroën Automobile Company. La marque aux chevrons s'appuie sur un produit moderne, la ZX, qu'elle a adapté aux spécificités locales en créant la ZX Fukang tricorps pour les taxis et les administrations, soit le cœur du marché du moment. Avec l'émergence des clientèles nouvelles et jeunes viennent ensuite les Xsara Elysée et C-Triomphe, avant que n'arrive la Dongfeng C2 – une 206 Peugeot relookée Citroën. Pour Peugeot, la leçon est comprise : d'abord, utiliser l'outil industriel de Dongfeng pour monter ses modèles, dont les plates-formes et 65 % des pièces sont identiques à celles de Citroën ; ensuite, offrir des modèles modernes, mais aussi à la mode, soit considérer les Chinois comme des connaisseurs et de véritables consommateurs. Le succès est immédiat. Les 307, 307 Sedan et 206 apparaissent dès leur lancement comme des modèles de référence, capables de faire émerger Peugeot en moins de deux ans, de l'éloigner définitivement de son *« image cantonaise »*.

Si PSA assure une production de 200.000 véhicules en 2006, Peugeot existe bel et bien en Chine. Sa croissance passe sur l'année 2005, de 12.300 à 41.000 voitures. Une longue marche qui commence par la préparation d'une nouvelle usine.

Clio F1
RENAULT F1 Team
BASMANOV'08

RUSSIE

MOSCOU-BILLANCOURT-MOSCOU

Au début du XXe siècle, alors que l'automobile naissante a pour capitale Paris, la France et la Russie entretiennent des relations parfaites. Rencontres du tsar Nicolas II et du président Emile Loubet, signature de l'Alliance franco-russe, engagements économiques avec des échanges commerciaux, large diffusion des Emprunts russes en France et accueil à bras ouverts des fabricants français d'automobiles. Les plus grands entrent aussitôt en Russie : Peugeot négocie dès 1912 à Moscou l'installation d'une usine de camions, sous forme d'un CKD[1] dont le nom reste à inventer. Il exige toutefois un financement local, refusant d'investir dans une contrée si lointaine. Renault est plus déterminé. Il installe en 1914 une usine de camions à Petrograd[2], par l'intermédiaire d'une filiale, la *Roussky Renault*, qui achète aux Etats-Unis les meilleures machines-outils. Une seconde usine est ouverte en 1916 à Rybinsk, sur la Volga, pour se consacrer au matériel ferroviaire et aéronautique. Renault ne cache pas son ambition, celle d'installer en Russie une usine de la taille de Billancourt ! Si Panhard et Salmson sont en pourparlers, seul le dernier concrétise ses projets avant la déclaration de guerre. Ouverts à la modernité, les Russes invitent aussi Anglais et Américains : Crossley s'appuie sur une usine à Iaroslavl pour produire 1.500 voitures en 1915. Ford vend son modèle T à Petrograd dès 1910. En 1916, tandis qu'un homme de Ford, Gaston Plantiff, propose la création d'une usine en Russie, l'ingénieur russe Nikolai Lavrov est à Detroit. C'est ainsi qu'entrent en Russie les méthodes de production fordiennes. Cet élan est brisé par la Révolution d'octobre de 1917. Les entreprises étrangères sont confisquées et nationalisées, perdant d'un coup tous leurs avoirs russes. De quoi laisser des traces, évidemment différentes : alors que Ford profite de la NEP[3] pour installer en 1925 une usine en URSS, Renault refuse l'éventualité d'une seconde aventure étant donné la perte subie au lendemain de la Révolution.

Trente ans plus tard, c'est Pierre Dreyfus, président de la Régie, qui entame des pourparlers avec les autorités soviétiques. Durant tout son mandat, il n'aura de cesse de promouvoir Renault pour s'implanter sur place et motoriser l'un des plus grands marchés du monde. Lors de son voyage en France en 1960, Nikita Khrouchtchev visite l'usine de Flins, et face aux propositions de Dreyfus, il répond : *« Ne nous fatiguons pas à vendre des voitures qui roulent peu. C'est inefficace. Nous préférons des sociétés qui louent des voitures, chacun pouvant les utiliser au maximum. »* Avec flegme, Dreyfus lui répond : *« Alors, le dimanche ne tombe pas le même jour en Union soviétique ? »* Renault comprend qu'il faut d'abord faire ses preuves en Europe de l'Est, avant de s'imposer en URSS, via le Comecon et des coopérations en Tchécoslovaquie et Bulgarie... où naîtront les Bulgarenault ! En 1966, la Régie signe d'importants accords avec Moskvitch, mais seulement d'ingénierie. C'est Fiat qui décroche en 1966 le contrat de la décennie, en installant une usine *clés en main* à Togliattigrad pour ses 124, rebaptisées localement Jiguli et à l'exportation Lada. *« Tout s'est joué sur le pétrole*, explique Dreyfus. *Les Italiens sont restés au système ancien du troc. Nous, nous appliquons les consignes de la CEE, et préférons les accords globaux, avec cette tendance à refuser le principe même de la compensation. »* Renault pourra se consoler en signant en 1968 un accord avec la Roumanie pour monter chez Dacia, à Pitesti, la nouvelle R12 qui restera toutefois sur les seuls marchés du Comecon. Les portes de l'Union soviétique restent fermées.

Il faut attendre l'effondrement de l'URSS pour voir Renault revenir en Russie. Dans un pays en difficultés pour passer du communisme au capitalisme, Renault propose son aide à Moskvitch dont les usines ont été récupérées par la mairie de Moscou. Le 2 juillet 1998, Louis Schweitzer signe avec celle-ci un premier accord, créant la société Avtoframos pour le montage des Mégane. Grâce à de nouveaux investissements – près de 320 millions d'euros entre 2000 et 2004 –, Avtoframos engage la production et la commercialisation de la Logan Renault – et non Dacia –, à raison de 60.000 voitures annuelles. Sortie en mars 2005, dans une fourchette de 6.150 à 9.230 euros, la Logan se place au cœur du marché russe face à des voitures importées, d'autres montées sur place et l'éternelle Jiguli. La Russie devient en 2006 le deuxième marché de Logan, obligeant Avtoframos à engager une troisième équipe pour porter la production à 80.000 voitures annuelles. En quelques années, la Russie est devenue un marché de la taille de celui de l'Espagne puis de la France, demain de l'Allemagne et le premier d'Europe ! C'est dans cette logique que Carlos Ghosn entame des négociations en 2007 avec Avtovaz, le constructeur de la Jiguli, toujours installé à Togglìati, mais cette fois sans *grad* ! En décembre, Renault et Avtovaz signent un protocole d'accord, permettant à Renault de prendre 25 % du capital de la société russe, plus tard 50 %. C'est le grand retour de Renault en Russie, une opération d'envergure rendue possible par les changements politiques internes, mais aussi la constitution de l'Alliance qui permet aux deux marques, Renault et Nissan, de fonder de gros espoirs sur un pays où tous les constructeurs automobiles viennent d'investir un milliard d'euros en un an ! Avec 157 voitures pour 1.000 habitants – 520 en France – et 2 millions de voitures vendues en 2007, l'Eldorado se trouve au bout de l'Europe, dans cette Russie occidentale et urbaine située aux portes de l'Union. Par ce retour à la maison Russie, Renault n'envisage pas seulement de devenir le premier constructeur russe, il vise également le troisième rang mondial.

1 : Véhicules en éléments démontés, transportés depuis Sochaux et assemblés en Russie.
2 : Saint-Pétersbourg devient Petrograd en 1914, le nom étant russifié car jugé trop allemand.
3 : Nouvelle Politique Economique engagée par Lénine en 1921, sacrifiant la dictature du prolétariat pour une libéralisation temporaire de l'économie.

ILLUSTRATIONS

Parys Cybulski (Allemagne)

Thomas Bigwood (Belgique)

Andrey Basmanov (Russie)

Robert Jackson (Angleterre)

Jean Semeriva (France)

Yuri Hayek (Brésil)

Thomas Fleuret (France)

Jean Semeriva (France)

Alexey Kezha (Biélorussie)

Yasuhiro Suzuki (Japon)

François Leboine (France)

Robert Jackson (Angleterre)

Parys Cybulski (Allemagne)

Alexey Kezha (Biélorussie)

Jean Semeriva (France)

Eduardo Lana (Espagne)

Laurent Negroni (France)

Aditya Mahajan (Inde)

Yuri Hayek (Brésil)

Nicolas Jardin (France)

Thomas Fleuret (France)

Thomas Bigwood (Belgique)

Dominique Marzolf (France)

Magali Borgers (France)

Dominique Marzolf (France)

François Leboine (France)

Laurent Negroni (France)

Nicolas Jardin (France)

Thomas Bigwood (Belgique)

Laurent Negroni (France)

Magali Borgers (France)

Parys Cybulski (Allemagne)

Felix Kilbertus (Autriche)

Yasuhiro Suzuki (Japon)

Laurent Negroni (France)

Yohann Ory (France)

Andrey Basmanov (Russie)

L'auteur tient à remercier chaleureusement Patrick le Quément, Directeur du Design Renault et ses proches collaborateurs, Thierry Metroz (Directeur du Design Extérieur), Jean-Marie Souquet (Secrétaire Exécutif), Christine Astruc (Responsable Stratégie), Philippe Barre (Responsable Communication), Serge Van Hove et tous les designers de Renault Design sans qui cet ouvrage n'aurait pas été possible : Andrey Basmanov, Thomas Bigwood, Magali Borgers, Parys Cybulski, Thomas Fleuret, Yuri Hayek, Robert Jackson, Nicolas Jardin, Alexey Kezha, Felix Kilbertus, Eduardo Lana, François Leboine, Aditya Mahajan, Dominique Marzolf, Laurent Negroni, Yohann Ory, Jean Semeriva et Yasuhiro Suzuki. Merci également à Vincent Ciccone pour son travail sur la couverture, à Jean-Jacques Dupuis et à son équipe éditoriale et plus particulièrement à Catherine Coulon, auteur de la maquette de cet ouvrage.